Erlebnisorientierte Gästeführung

Kriterien für die Gestaltung und Bewertung des Erlebnisaspektes

Isabella Adam

Bibliografische Information der Deutschen Nationalbibliothek:

Die Deutsche Nationalbibliothek verzeichnet diese Publikation in der Deutschen Nationalbibliografie; detaillierte bibliografische Daten sind im Internet über http://dnb.d-nb.de abrufbar.

ISBN: 9783346338280
Dieses Buch ist auch als E-Book erhältlich.

Coverbild: Lago di Como; Foto: Isabella Adam

© GRIN Publishing GmbH
Nymphenburger Straße 86
80636 München

Druck und Bindung: Books on Demand GmbH, Norderstedt Germany
Gedruckt auf säurefreiem Papier aus verantwortungsvollen Quellen

Das vorliegende Werk wurde sorgfältig erarbeitet. Dennoch übernehmen Autoren und Verlag für die Richtigkeit von Angaben, Hinweisen, Links und Ratschlägen sowie eventuelle Druckfehler keine Haftung.

Das Buch bei GRIN: https://www.grin.com/document/984032

Fachbereich Sozialwesen
Internationaler Studiengang Angewandte Freizeitwissenschaft

ERLEBNISORIENTIERTE GÄSTEFÜHRUNG
Erstellung von Kriterien für die Gestaltung und Bewertung des Erlebnisaspektes

Diplomarbeit

vorgelegt von
Isabella Adam

Bremen WS 2004

INHALTSVERZEICHNIS

1. Einführung

Das Erlebnis hat in der heutigen Zeit einen bedeutenden Stellenwert. Das *Leben zu erleben* ist zu einer kollektiven Maxime der Menschen in den westlichen Industrienationen geworden. Die Lebensbedingungen erlauben ein Streben nach persönlicher Selbstverwirklichung. Ein Leben, geprägt von Arbeit und tristem Alltag, erscheint nicht lebenswert. Anscheinend ist Lebensqualität abgängig vom Erlebnisreichtum.

Die Sehnsucht nach der Erfüllung der Träume äußert sich in der Suche nach Erlebnissen. Sie ist in der Freizeit und im Tourismus besonders ausgeprägt. Es werden hohe Erwartungen an die Tourismusakteure gestellt. Aus diesem Grund muss auf der Angebotsseite eine Reaktion erfolgen. Erlebnisorientierung ist ein bestimmendender Faktor eines zeitgemäßen touristischen Marketings geworden. Um wettbewerbsfähig zu bleiben, gilt es für touristische Destinationen, über das touristische Basisangebot hinaus, entsprechende innovative Erlebnisangebote zu gestalten.

Auch Gästeführungen können um den Erlebniswert bereichert werden. Mit Hilfe von erlebnisorientierten Gästeführungen kann sich die Destination einerseits auf innovative und attraktive Weise präsentieren, andererseits den Gästen Erlebnisse vermitteln.

Im Rahmen der gesellschaftlichen Erlebnisorientierung wurde Kultur zu einem Erlebnisraum. Neben dem Bildungsaspekt wurde sie um den Unterhaltungsaspekt erweitert. Das Interesse an kulturtouristischen Angeboten verzeichnet einen Zuwachs. Erlebnisorientierte Gästeführungen haben die Möglichkeit darauf zu reagieren. Sie können auf intelligente und behutsame Weise Kultur erlebnisrational vermitteln. Dabei entstehen viele Vorteile für die Destination. Es entwickelt sich ein Wettbewerbsvorteil aufgrund eines Alleinstellungsmerkmals, ferner werden neue Zielgruppen angesprochen, und das Selbstbewusstsein der einheimischen Bevölkerung wird gestärkt.

Es sprechen weitere Gründe für die Notwendigkeit von Erlebnis-Gästeführungen. Neben der Befriedigung der individuellen Erlebnissuche scheinen Erlebnis-Gästeführungen, als Teil eines touristischen Angebots, einen Ausweg aus der Stagnationsphase einzuleiten. Überdies können Erlebnis-Gästeführungen einen *kommunikativen Tourismus* unterstützen und einen Beitrag zum informellen Lernen leisten.

Neben der individuellen Eigenverantwortlichkeit für Erlebnisse sollten deshalb Freizeit-
und Tourismusmanager den Fokus darauf richten, wie die Bedürfnisse der Gäste befriedigt werden können. Angebote, die mit Erlebnissen werben, jedoch die Erwartungen nicht erfüllen, erzeugen enorme Enttäuschungen. Dies wirkt sich kontraproduktiv
auf den Markt aus und kann zu einer Verschlechterung des Images und zu einem
Rückgang des Gästeaufkommens führen.

Vor diesem Hintergrund ist die methodische und didaktische Planung und Gestaltung
von Erlebnis-Gästeführungen von besonderer Bedeutung. Da es keine Gebrauchsan-
weisung für Erlebnisse gibt, gilt es zu untersuchen, unter welchen Umständen Erlebnis-Gästeführungen erfolgreich sein können. Im Rahmen der Arbeit wird ein Kriterienkatalog ausgearbeitet, mit dessen Hilfe es Praktikern gelingen kann, methodisch und
didaktisch gehaltvolle Erlebnis-Gästeführungen zu gestalten und hinsichtlich ihres Erlebnisaspektes zu bewerten. Die vorliegende Arbeit leistet somit einen Beitrag zur Optimierung des Freizeit- und Tourismusangebots.

Letztendlich soll verdeutlicht werden, dass Erlebnis-Gästeführungen, im Gegensatz zu
künstlichen Erlebniswelten, Faszination in einer reellen Umwelt hervorrufen können.
Meines Erachtens stellen die gegebenen Ressourcen und das kulturelle Erbe von touristischen Destinationen ein noch ungenutztes Erlebnispotenzial dar. Warum künstliche Welten schaffen, wenn mittels Didaktik und Methodik den Gästen die Augen geöffnet werden können? Eine touristische Destination kann auf entdeckende Art erkundet werden, ihre Geschichte und Alltagskultur bieten genügend Material für eine intelligente Verknüpfung von Kultur und Erlebnisorientierung.

1.1 Problemstellung und Zielsetzung

Die in der Einleitung skizzierte gesellschaftliche Erlebnisorientierung schafft die Ausgangslage für die Notwendigkeit von Erlebnisangeboten in Freizeit und Tourismus. Die
vorliegende Arbeit fokussiert nun die Umsetzung dieser Entwicklung konkret bezogen
auf die Gästeführung.

Zwar widmet sich die Wissenschaft dem Thema Erlebnis, doch sind die Erkenntnisse noch längst nicht in die Praxis vorgedrungen. Für die Konzeption von erlebnisorientierten Gästeführungen existieren so gut wie keine praxisorientierten Erkenntnisse und Vorschläge. Hingegen kann von Praktikern nicht erwartet werden, dass sie sich wissenschaftlich mit dem Erlebnisbegriff auseinandersetzen.

Ein Angebot, das nur zu Werbezwecken mit dem Erlebnisbegriff etikettiert wird, wird von den heutigen erfahrenen und anspruchsvollen Touristen schnell enttarnt. In Anbetracht der negativen Folgen versprochener, jedoch nicht erfüllter Erlebniswünsche, ist ein durchdachtes Erlebniskonzept unverzichtbar. Auch das Fehlen an einer staatlich anerkannten Ausbildung zum Gästeführer in der Bundesrepublik stellt einen weiteren Nachteil für die erfolgreiche Umsetzung von Erlebnis-Gästeführungen dar. Gästeführer sind oft Autodidakten oder werden oft nur in kurzen Seminaren in ihren Aufgabenbereich eingewiesen. Unter diesen Umständen lässt sich vermuten, dass der Erlebnisaspekt zu kurz kommt.

Folglich besteht die Notwendigkeit einer interdisziplinären Untersuchung des Erlebnisbegriffs zugunsten einer strategischen Vermittlung von Erlebnissen. Dieser Mangel formuliert die Zielsetzung der vorliegenden Arbeit. Es gilt, einen theoretischen Rahmen für dieses neue Feld der Erlebnis-Gästeführung zu bieten. Eine Auswahl an wissenschaftlichen Disziplinen muss erfolgen, um dem Gegenstand näher zu kommen.

Die vorliegende Arbeit untersucht den Erlebnisbegriff und widmet sich der Fragestellung inwiefern äußere Umstände erlebnisstrategisch gestaltet werden können. Anhand der gewonnenen Erkenntnisse aus dem theoretischen Teil der Arbeit werden Kriterien abgeleitet. Sie stellen für Praktiker eine Hilfestellung dar, mit denen Gästeführungen im Hinblick auf die strategische Vermittlung von Erlebnissen gestaltet werden können.

Gleichzeitig soll der theoretische Teil der Arbeit auch eine Begründung für Erlebnis-Gästeführungen liefern. Es kristallisieren sich mehrere Gründe für einen strategischen Einsatz von Erlebnissen heraus. Zusätzlich sollen eine Beobachtung einer erlebnisorientierten Führung und ein Experteninterview eine Verbindung zwischen Theorie und Praxis schaffen, und zu weiteren Erkenntnissen führen.

Die Diplomarbeit wendet sich hauptsächlich an Praktiker und verhilft letztendlich zu einer Umsetzung eines aktuellen und langfristigen Trends zugunsten einer innovativen Weiterentwicklung des touristischen Angebots. Für einen Erfolg auf dem Tourismus- und Freizeitmarkt ist diese Weiterentwicklung unumgänglich.

1.2 Aufbau und methodisches Vorgehen

Die vorliegende Arbeit gliedert sich in einen theoretischen (Kapitel 1 bis 5) und einen praktischen Teil (Kapitel 6 bis 8). Nachdem im 1. Kapitel die zentralen Begriffe definiert werden, zeigt das Kapitel 2 die theoretischen Grundlagen der Gästeführung auf. Neben der Darstellung der Bedeutung werden didaktische und methodische Grundlagen gelegt, die einerseits als Einstieg in die Thematik der Gästeführung dienen sollen, andererseits ein Basiswissen für die späteren Kriterien schaffen.

Kapitel 3, 4 und 5 bilden das Fundament für die Gewinnung von Erkenntnissen, aus denen die Kriterien abgeleitet werden. Da die Vermittlung von Erlebnissen ein genaues Verständnis erfordert, wird das Erlebnis aus drei Blickwinkeln betrachtet, dem soziologischen, psychologischen und pädagogischen.

Zunächst wird in Kapitel 3 geklärt, welche gesellschaftlichen Rahmenbedingungen als Einflussfaktoren auf die Erlebnissuche der Menschen wirken. Darüber hinaus wird analysiert, was Erlebnisorientierung bedeutet und wie sie sich auf das heutige Leben auswirkt. Dabei wird deduktiv vorgegangen, beginnend mit der Erlebnisrationalität der Gesellschaft, des Marktes, des Tourismus und dem Teilsegment des Kulturtourismus. Schließlich werden die Erkenntnisse und gesellschaftliche Entwicklung hinsichtlich der Gästeführungen konkretisiert. Zusammengefasst liefert dieses Kapitel:

- erstens eine Betrachtung aus soziologischer Sicht, die ebenso als Einführung in das Thema der Erlebnisorientierung dient,

- zweitens Erkenntnisse, aus denen Kriterien für Erlebnis-Gästeführungen abgeleitet werden können und

- drittens einen Argumentationsstrang für eine vielschichtige Begründung für Erlebnis-Gästeführungen.

Während Kapitel 4 das Erlebnis als ein psychologisches Gebilde analysiert, wird im Kapitel 5 diskutiert, wie Erkenntnisse der Pädagogik zugunsten der Gestaltung von Gästeführungen genutzt werden können. Kapitel 6 liefert eine Definition der erlebnisorientierten Gästeführung, die sich auf die Erkenntnisse des Theorieteils stützt. In Kapitel 7 wird der Kriterienkatalog für die Planung und Gestaltung von Erlebnis-Gästeführungen präsentiert. Die Kriterien wurden aus den thematisierten Wissenschaften abgeleitet.

In Kapitel 8 erfolgt eine Verknüpfung der Theorie mit der Praxis. Dies ist notwendig, da der Gegen-stand der Arbeit, die Erlebnisvermittlung, praxisorientiert ist und nicht rein theoretisch angegangen werden sollte. Diesbezüglich erfolgt eine Beobachtung und Bewertung einer Erlebnis-Gästeführung, anhand eines Beobachtungsleitfadens, der aus den erstellten Kriterien abgeleitet wurde. Ein Experteninterview soll die Arbeit qualitativ bereichern. Erkenntnisse des theoretischen Teils sollen untermauert bzw. korrigiert werden. Es wird untersucht, ob die Kriterien Anwendung in der Praxis finden, ob neue hinzu kommen, und welches Bewusstsein hinter erlebnisorientierten Konzepten steht. Abschließend findet in Kapitel 9 ein Resümee und Ausblick statt. Es folgt eine zusammenfassende und kritische Betrachtung der Arbeit.

1.3 Begriffsdefinitionen

Zu Beginn der Arbeit werden Definitionen der zentralen Begriffe angeführt. Damit soll das Verständnis für weitere Ausführungen erleichtert werden.

1.3.1 Begriffsdefinition Erlebnis / Erleben

Es werden Definitionen geboten, die Schwerpunkte sowohl auf der psychologischen als auch touristischen Ebene setzen und somit inhaltlich einen Bezug zur Gästeführung, als touristisches Angebot, herstellen. Eine gründliche Begriffsauseinandersetzung vor psychologischem Hintergrund erfolgt jedoch in Kapitel 4.

Erlebnis ist ein „Psycho-physisches Konstrukt, das einen Beitrag zur Lebensqualität darstellt und erst durch eigene Erfahrungen in der Umwelt entsteht. Erlebnisse sind Originalbegegnungen, Aktivitäten, Genüsse, die tiefer gehen als die gängigen Konsumerfahrungen. Sie entstehen durch Einmaligkeiten, Besonderheiten, zusätzliche Werte und die Einbettung in eine besondere Umgebung" (Schroeder 2002, S. 100).

Erleben bedeutet: „gefühlsbetontes und unmittelbares Ergriffenwerden anläßlich eines Ereignisses, der Begegnung mit Menschen, äußeren Gegebenheiten und Informationen. Das E. kann nur vom einzelnen selbst beobachtet und als solches beschrieben werden. Ein E. haben zu wollen, ist ein starkes Motiv für die Teilnahme an Freizeitangeboten und für die Teilnahme vieler Freizeittätigkeiten. Dieser Wunsch wird auch als Indikation für eine Veränderung des Freizeitverhaltens im Zusammenhang mit einer Wertverschiebung gesehen" *(Fink-Kümmerly & Frey 1986, S. 69).*

Erlebnisurlaub: „Beim Erlebnisurlaub sucht der Urlauber seine Erholung weniger in der Entspannung als in der Auseinandersetzung mit ungewohnten körperlichen und geistigen Anforderungen in zumeist fremder Umgebung..." (Schroeder 2002, S. 100).

Die ersten beiden aufgeführten Definitionen heben die wesentlichen Merkmale des Erlebnisses hervor, den Charakter des Besonderen und die Emotionalität. Darüber hinaus wird deutlich, dass der Wunsch nach Erlebnissen eine Motivation zum aktiven Handeln impliziert. Letzte Definition verdeutlicht die Bedürfnisse eines Erlebnisurlaubers, die einen explorativen Charakter besitzen. Um in der Lage zu sein, diese innengeleiteten Ansprüche zu befriedigen, müssen sich demnach touristische Erlebnisangebote stark an der Nachfrage und den Bedürfnissen der Konsumenten orientieren.

1.3.2 Begriffsdefinition Gästeführung / Gästeführer

„Die Gästeführung ist ein geeignetes und unverzichtbares Mittel zur optimalen Präsentation des Fremdenverkehrsortes, seiner Teile oder auch einzelner Sehenswürdigkeiten. Sie bietet die Chance, zufällige Begegnungen, unzutreffende 'Blickwinkel' und Gewichtungen durch die Gäste zu vermeiden und hinsichtlich des 'Führungsgegenstandes' ein liebenswertes, vollständiges und klares (und natürlich auch wahres) Bild zu vermitteln. Gästeführungen dienen aber nicht nur der Information der Gäste, sondern sind ein wichtiger Bestandteil der Unterhaltung und der Animation" (Deutsches Seminar für Fremdenverkehr 1993, S. 11).

„Gästeführer sind Fachkräfte in Fremdenverkehrsorten, die im Rahmen von Führungen den Ort, Teile des Ortes, die Umgebung oder auch Einzelheiten gewinnend, klar, präzise, fachkundig und freizeit-, bzw. urlaubsnah präsentieren, meist eine oder mehrere Fremdsprachen beherrschen, Führungsqualitäten, organisatorische Fähigkeiten

6

und psychologische Kenntnisse (speziell zum Gruppenverhalten) besitzen und sich einer kontrollierten Gestik, Mimik und Sprache bedienen" (Bartl, Schöpp und Wittpohl 1986, S. 13).

Obige Definitionen orientieren sich an der klassischen Gästeführung. Sie zielen vorwiegend auf eine Vermittlung eines vollständigen Bildes des Fremdenverkehrsortes ab, im Sinne eines Rundumschlags, sowie einer Informationsvermittlung, die zwar freizeitorientiert sein soll, jedoch die Erlebnisdimension nicht spezifisch benennt. Da es keine Literatur zur erlebnisorientierten Gästeführung gibt, und somit keine eigenständige Definition exsistiert, wird innerhalb dieser Arbeit eine Erstellung einer Definition der erlebnisorientierten Gästeführung angestrebt, die sich auf die thematisierten theoretischen Grundlagen stützt.

Die folgende Begriffsbestimmung wird herangezogen, um eine Abgrenzung zu verwandten Berufgruppen einzuleiten. *„Neben dem Reiseleiter oder -begleiter begegnet der Tourist dem einheimischen Ortsführer, der für ein Objekt bzw. einen Ort zuständig ist. Während man früher ausschließlich den Begriff 'Fremdenführer/in' benutzt hat, spricht man heute auch von 'Gästeführern/innen'. Als Gemeinsamkeit mit den Standortreiseleitern haben die Gästeführer (local guides) die Konzentration und Spezialisierung auf einen Ort; längere Reisetätigkeit entfällt im allgemeinen, dafür wird jedoch eine sehr hohe Anpassungsfähigkeit (Zielgruppenorientierung) an unterschiedliche, stets wechselnde Gruppen erwartet"* (Schmeer-Sturm 1993, S. 507).

An dieser Stelle findet eine Abgrenzung zwischen dem Gästeführer (bzw. Stadtführer, local guide oder Fremdenführer) und dem Beruf des Reiseleiters (bzw. Studien- und Bildungsreiseleiters) statt. Beide Gruppen umfassen den Aufgabenbereich der Wissensvermittlung. Die Reiseleitertätigkeit ist allerdings weiter gefasst, da sie sich auf die Begleitung einer Reisegruppe während der gesamten Reisedauer bezieht. Somit muss der Reiseleiter verstärkt Betreuungs- sowie Organisationsaufgaben übernehmen. Es muss jedoch erwähnt werden, dass der Gästeführer ebenso organisatorische sowie Aufgaben der Betreuung übernimmt, allerdings in engerem Maße und auf eine kürzere Dauer bezogen.

Die Wissensvermittlung ist demnach ein übergreifendes Element, das sowohl bei der Reiseleitung als auch bei der Gästeführertätigkeit einen zentralen Aufgabenbereich darstellt. Folglich beschränkte sich die Literaturrecherche für die vorliegende Arbeit keinesfalls nur auf die Gästeführung, sondern schließt Literatur zur Reiseleitung, sowie Studienreiseleitung, mit ein.

Aus o.g. Erläuterungen ist darauf hinzuweisen, dass die ausgearbeiteten Kriterien zur Umsetzung des Erlebnisaspektes bei Gästeführungen (Kap. 7) ebenfalls auf die Reiseleitung zutreffen, insofern eine Informationsvermittlung in Form von Führungen, Rundgängen, Besichtigungen und Erkundungen stattfindet.

2. Theoretische Grundlagen der Gästeführung

Dieses Kapitel eröffnet einen Einblick in die theoretischen Grundlagen der Gästeführung[1]. Hauptsächlich befasst sich die Theorie der Gästeführung mit der Methodik und Didaktik zur Informations- und Wissensvermittlung. Diesbezüglich dient die Ausführung dazu, um zu erfahren, welche Methoden aus dem dargestellten Spektrum, speziell für eine erlebnisorientierte Wissensvermittlung, in Frage kommen.

Weitere theoretische Gesichtspunkte der Gästeführung (z.B. praktische Durchführung, rechtliche Stellung) werden im Rahmen dieser Arbeit allerdings nicht behandelt. Zum einen, da sie den Rahmen der Arbeit sprengen würden, zum anderen, weil der 'rote Faden' nicht eingehalten würde. Einleitend folgt der geschichtliche Hintergrund der Gästeführung und Reiseleitung.

2.1 Geschichtlicher Hintergrund der Reiseleitertätigkeit

Die folgende Zeittabelle nach Vogel (1993, S. 517 f) stellt eine Entwicklung der Reiseleitertätigkeit dar. Reiseleitung ist hier ein Überbegriff der Fremdenführung und schließt die Gästeführung ein. Im Laufe der Zeit fand eine Funktionsverschiebung und -veränderung der Reiseleitung statt, die eine inhaltliche Weiterentwicklung nach sich zog.

---

[1] Zwecks einer qualitativen Bereicherung wurden in diesem Kapitel ebenso Grundlagen der Reiseleitung, sowie der Studienreiseleitung einbezogen, da sie sich inhaltlich mit der Theorie der Gästeführung überschneiden und ergänzen.

9

Entwicklung der Reiseleitertätigkeit

Reise Zeit / Gründer	Zweck / Art der Reise	Bezeichnung der Reiseleitung	Beschreibung der Tätigkeit	zusätzlichen Tätigkeit
Antike	„Vergnügungsreise"	„Exegetai"; „Perjegetai"; Heloten (Sklaven)	Erklärungen, Führungen; Reiseorganisation	Schriftsteller (Pausanias)
Mittelalter	Pilgerfahrten	Leitung der Vertreter		Schriftsteller bzw. Handbücher auf Pilgerfahrt abgestimmt
Jahrhundert Der Entdeckungen (17./18. Jh.)	„Bildungstour" der jungen Kavaliere durch die Hauptstädte Europas („Grand Tour", „Kavaliers-tour")	Reisemarschall bzw. Hofmeister, „Mentor", „Tutor", (erste Ansätze von Ausbildung durch A. Schlötzer, 1772/95)	meist ein kenntnis-reicher, ehemaliger wenig bemittelter Student, übernahm Aufgaben des Mentors u. leitenden Organisators, sprachenkundig	Abbés: landes- u. stadtkundige Gelehrte (Frühformen der örtlichen Fremdenführung und Reiseleitung)
18./19. Jh.	Aufkommender Alpentourismus (sportliche Gentlemen als Gipfelstürmer)	„Bergführer" „Skiführer"	einheimischer landes- u. gebirgs-kundiger Organisator	
5.6.1841	Erste „Gesell-schaftsreise" durch Thomas Cook	Reiseleiter und Organisator	Allround-Fachmann	Schriftsteller Reiseliteratur
1878	Erste Gesell-schaftsreise um die Welt durch Carl Stangen	Reiseleiter und Organi-sator	Schriftsteller	Reiseliteratur
Jahrhundert-wende	Gesellschaftsreisen Seereisen	Organisator, Reiseleiter u. Gesell-schafter („Maitre de plaisir"). „Cruise Director", Lektor		
Nach 1924	organisierte Pauschalreisen (z.B. durch Mittel-europäisches Reisebüro MER)	„Reiseleiter"	überwiegend organisatorische Aufgaben	
Seit 1928	Volkshochschule (Dr. Tigges)	Sonderform der Reiseleitung: der Reiseleiter als "Volksbildner", Reiseleitung als volkspädagogische Aufgabe		
30er Jahre	Erholungsreisen für alle Bevölkerungs-schichten; KdF.-organisierter, „poli-tischer" Tourismus	meist Funktionäre zur politischen Betreuung der Erholungssuchenden		
50er Jahre	Aufkommen des (organisierten) Pauschal-/ Massen-tourismus und „Wiedergeburt" des Studientourismus Oft auf wiss. Niveau	Ortsreiseleiter bzw. Gästeführer und Reisebegleiter, (wissenschaftl.) Studienreiseleiter	Organisation und landeskundliche Hinweise. Organisation und permanente Reise-begleitung	
Ab 70/80er Jahre	zunehmende Spezia-lisierung: Rundreise, Studienreise, wissenschaftliche Studienreise	Bemühen um Schaffung eines Berufsbildes bzw. Schutz des Begriffs „Studienreise" Tätigkeit u. Bezeichnung wie in den 50er Jahren		

(Vogel 1993, S. 517 f)

10

Freericks (1996, S. 351) ergänzt die Zeittabelle folgendermaßen:

Reise

Zeit/Gründer	Zweck/Art der Reise	Bezeichnung der Reiseleitung	Beschreibung der Tätigkeit
90er Jahre	Kultur(erlebnis)reisen (aber auch weiterhin Studien- reisen, Bildungsreisen mit Tendenz zur stärkeren Regionalisierung und Thematisierung)	Reiseleiter (Typen- differenzierung – Studien- reiseleiter, Standortreise- leiter, Animateur, Jugend-, Seniorenreiseleiter etc.), Gästeführer (local guide)	Organisation/Betreuung und freizeitgemäße Informations- vermittlung (insbesondere regionale Kultur-, Sozial-, Wirtschaftsentwicklung), ortsbezogene animative Informationsvermittlung

Die Ergänzung nach Freericks (1996) zeigt eine Tendenz zu erlebnisorientierten Rei-
seformen speziell in Hinsicht der Kulturreise. Die organisatorischen Aufgaben der Rei-
seleitung/Gästeführung, wie Durchführung und Betreuung, werden um die Kenntnisse
einer freizeitgemäßen und animativen Informationsvermittlung erweitert. Die vorliegende Diplomarbeit befasst sich speziell mit dieser, um den Erlebnisaspekt, erweiter-
ten Form der Gästeführung und zeigt Wege zur Umsetzung.

2.2 Bedeutung der Gästeführung

Bartl et al. (1986) räumen der Gästeführung einen hohen Stellenwert innerhalb eines
touristischen Marketing-Konzeptes ein. Die Gästeführung ist ein entscheidendes Instrument für eine Präsentation einer touristischen Destination. „Wer keinen Einfluß auf
die Präsentation des Ortes nimmt, darf sich über Negativa in der Präsentation, über
Zufallsergebnisse oder auch mangelnde Abgrenzung zu anderen Fremdenverkehrs-
angeboten nicht wundern" (Bartl et al. 1986, S. 12).

Es ergibt sich eine zweifache Bedeutung der Gästeführung. Zum einen bezieht sie sich
auf den Gast, zum anderen auf den Fremdenverkehrsort. Der Gast profitiert zunächst
davon, dass er den Fremdenverkehrsort und seine Charakteristika kennen lernt. Zusätzlich kann Gästeführung die Urlaubsqualität der Gäste steigern, wenn z.B. Möglichkeiten zur intensiven Auseinandersetzung mit der Destination geboten werden, die
Führung zur abwechslungsreichen Freizeitgestaltung anregt, Kontakt zu anderen Gästen oder Einheimischen erleichtert, und schließlich zu einer Identifikation mit dem Urlaubsort verhilft (vgl. Bartl et al. 1986, Schmeer-Sturm 1993).

„Die vordergründigste Bedeutung der Gästeführung für den Fremdenverkehrsort ist sicherlich die Steigerung des Bekanntheitsgrades seiner Attraktionen und damit des Ortes selbst" (Bartl et al. 1986, S. 16). Diese Wirkung impliziert u.a. eine Optimierung und Positionierung des Images, eine Korrektur von Vorurteilen, Ansprache neuer Gästeschichten, Gewinnung von Stammgästen sowie Erreichung einer höheren Kundenzufriedenheit. Die Vorteile resultieren vornehmlich aus dem direkten Kontakt zu den Kunden. Es können Mängel ausfindig gemacht und Anregungen zu Verbesserungen gewonnen werden. Der Kontakt ermöglicht darüber hinaus ein gruppenspezifisches Ansprechen der Gäste. Auf diese Weise kann speziellen Kundenwünschen und Bedürfnissen entsprochen werden (vgl. dies.).

Besondere Beachtung sollte dem Primacy-Effect geschenkt werden. Damit ist gemeint, dass die Gästeführung zu einem *ersten positiven Eindruck* des Fremdenverkehrsortes bei den Gästen führen kann. Der erste Eindruck spielt auch eine wesentliche Rolle bei der Bildung eines Images (vgl. Bartl et al. 1986). In diesem Zusammenhang verdeutlicht Schmeer-Sturm (1993), dass der Gästeführer neben der Informationsvermittlung ein "Sympathieträger" (S. 507) ist.

Zusammenfassend spiegelt sich vor diesem Hintergrund einerseits die Bedeutung der Gästeführung in der Kundenbindung sowie der Image-Positionierung wider, andererseits zeigt sich ein Bildungsanspruch, der ein didaktisches Ziel verfolgt und den Horizont der Gäste zu erweitern versucht. Letzterem Thema widmen sich folgende Ausführungen.

2.3 Didaktische Grundlagen

Das übergeordnete Ziel der Gästeführung ist der Anspruch, ein geschlossenes Gesamtbild von der besichtigten Destination zu vermitteln. Eindrücke, die dabei bei den Teilnehmern entstehen, sollten strukturiert sein und in einem Zusammenhang zueinander stehen (vgl. Schmeer-Sturm 1996, S. 13).

Um diesem Anspruch zu genügen, bedarf es einer thematischen Gesamtkonzeption sowie einer didaktischen Planung. Die didaktische Planung enthält die Bestimmung sowie Auswahl und Anordnung der Bildungsinhalte. Die zentralen didaktischen Fragen der Gästeführung lauten: Welches übergreifende Thema wird gewählt? Welche Ziele werden verfolgt? Welche Auswahl von Besichtigungspunkten, bzw. Objekten ist dafür notwendig? Welche Wünsche und Motivationen haben die Teilnehmer? (vgl. Schmeer-Sturm 1996, S. 13) Die Antworten auf die oben genannten Fragen führen zu einer didaktischen Grundlage, auf die sich eine thematische Gesamtkonzeption einer Gästeführung stützt.

2.3.1 Die Gesamtkonzeption

Nach Schmeer-Sturm (1996) sollte sich die Gesamtkonzeption an den Führungsdenkmälern einer Destination orientieren. Günter (1991) hingegen rät dazu, sich an der Individualität und dem Charakter des Ortes zu orientieren. Abhängig von Basisaspekten der besichtigten Destination wird die thematische Gesamtkonzeption festgelegt. Basisaspekte sind zu verstehen als geographische, wirtschaftliche, politische, kulturelle und historische Merkmale, die der Destination Individualität und Profil verleihen (vgl. Günter 1991).

Grundlegend wird unterschieden zwischen Inhalten (Besichtigungsobjekte und -punkte) und Zielen (Thematik). Die ausgewählten Inhalte der Destination müssen einen beispielhaften Charakter für das Lernziel der Gästeführung besitzen. Sie müssen in eine Reihenfolge und einen zeitlichen Rahmen der Führung gebracht werden, um eine aufbauende Wissensvermittlung zu garantieren. Zusammenfassend betrachtet entsteht aus einer Fülle von einzelnen Inhalten eine zusammenhängende Gliederung (vgl. Günter 1991).

2.3.2 Richtziele

Schmeer-Sturm (1996, S. 18 f) nennt konkrete Richtziele, die zur Gesamtkonzeption einer Gästeführung führen. Sie definieren ein übergeordnetes Lernziel, aus dem sich ein Zusammenhang zwischen allen Besichtigungsobjekten ergibt. Folgende Richtziele können in Erwägung gezogen werden:

- Historische, politisch-gesellschaftlich-soziale, wirtschaftliche, religiöse, geographische Grundstrukturen kennen lernen.
- Kulturelle Hintergründe der Kunst kennen lernen.
- Sich der geschichtlich bedingten Relativität der eigenen Wertvorstellungen und Verhaltensweisen bewusst werden.

- 'Sehen lernen', Kunstwerke, geographische Erscheinungen beschreiben.
- Sich in einer fremden Stadt zurechtfinden.
- Kommunikationsbarrieren überwinden.
- Bereitschaft entwickeln, sich für eine gesunde Umwelt einzusetzen. Die Bedeutung eines umwelt- und sozialverträglichen Tourismus erkennen und sich dementsprechend verhalten.

Die Auswahl der Richtziele kann nicht willkürlich stattfinden. Jede Destination hat ihre Eigenart und erfordert eine passende Bestimmung der Richtziele. Weist eine Region beispielsweise einen Mangel an kultur- und kunsthistorischen Objekten auf, müssen Richtziele aus dem sozial- gesellschaftlichen Bereich in Betracht gezogen werden (vgl. Schmeer-Sturm 1996, S. 19).

2.3.3 Lernziele

Steht das Gesamtkonzept samt den übergeordneten Richtzielen, müssen anhand der o.g. Basisaspekte untergeordnete Aspekte und ihre Lernziele herausgearbeitet werden. Besichtigungsobjekte werden den untergeordneten Lernzielen zugeordnet. Die Objekte wiederum müssen in ihrer Eigenart jeweils auf den Gesamtzusammenhang zurück zu führen sein (vgl. Günter 1991).

Die inhaltlichen Ziele stehen in Verbindung mit den Richtzielen und schaffen eine didaktische Grundstruktur. Das heißt, dass die Besichtigungspunkte inhaltlich parallel zur thematischen Gesamtkonzeption ausgearbeitet werden müssen. Auch den Unterthemen müssen passende Objekte zugeordnet werden, um dem Publikum ein ganzheitliches Verständnis vermitteln zu können. Dabei sollte darauf geachtet werden, dass die Besichtigungsobjekte aus verschiedenen Lebensbereichen zum Tragen kommen. Schmeer-Sturm (1996, S. 34 ff) nennt folgende Gruppen:

- Geschichte, Kunst, Kultur: z.B. Museen, Kirchen, Schlösser
- Wohnen: z.B. Bürgerhäuser, Arbeiterviertel, Bauweisen, Wohnmuseen
- Örtliches Brauchtum: z.B. Feste, Umzüge, Prozessionen, Märkte, Messen
- Bildung, Wissenschaft, Forschung: Universitäten, Akademien, Schulen, Kindergärten
- Theater- Musikleben: z.B. Freilichtbühnen, Puppenspiel, Oper, Tanz, Volkslieder
- Sportanlagen: z.B. Stadien, Arenen, Sporteinrichtungen, Schanzen
- Politik: z.B. Institutionen, Gebäude, Wahlkampf, Interessen, Sozialeinrichtungen
- Industrie, Handwerk, Handel: z.B. Fabrikanlagen, Hafen, Märkte, Industriekultur
- Land- Forstwirtschaft: z.B. Bauernhäuser, Landwirtschaftliche Betriebe, Waldlehrpfade
- Gastronomie: z.B. typische Lokale, Weinkellereien, Brauereien, lokale Speisen
- Landschaftliche Schönheiten und Besonderheiten: z.B. Aussichtpunkte, Parkanlagen, Seen

- Freizeiteinrichtungen und Amüsiergelegenheiten: z.B. Bäder, Nachtleben, Freizeit-
zentren
- Sprache: z.B. Dialekte, Sprichwörter, Redensarten, Literatur, Schriftsteller.

Je mehr Objekte aus verschiedenen Gruppen in eine Gästeführung eingegliedert werden, desto abwechslungsreicher wird das Programm, das nicht nur vergangenheitsori-
entiert gestaltet werden sollte, sondern auf die heutigen politischen und gesellschaftlichen Gegebenheiten Bezug nehmen sollte (ebd.).

Ähnlichkeiten, Zusammenhänge und Querverweise sollten sichtbar gemacht werden.
Auf bereits Gelerntes sollte hingewiesen und darauf aufgebaut werden (vgl. Günter
1991, S. 206). Besondere Bedeutung wird dabei den Transferzielen beigemessen. Dabei kann das Gelernte auf andere Situationen und Gegebenheiten transferiert werden
und stellt somit einen wichtigen Lernfaktor dar. Transferziele stammen meist aus den
Grundzusammenhängen des wirtschaftlichen, politischen, kulturellen und sozialen Lebens. Sie sollten deshalb bei Führungen stets betont werden (vgl. Günter 1991, S.
210).

2.4 Methodische Grundlagen

„Der Gesamtbereich der Methodik erschließt jene Bedingungen, Verfahren und Techniken, mit denen die didaktische Konzeption erfolgreich durchgeführt werden kann"
(Günter 1991, S. 211). Die Auswahl der Methoden muss auf die Ziele der didaktischen
Konzeption abgestimmt sein. Generell wird unterschieden zwischen direkten und indirekten Methoden.

2.4.1 Direkte und indirekte Methoden

Die direkten Methoden sind Vorträge, Referate, Führungen im klassischen Sinn der
Gästeführung. Dabei spielt der Gästeführer die zentrale und aktive Rolle. Die Teilnehmer haben eine passive, rezeptive Rolle. Sie richten ihre Aufmerksamkeit auf den Gästeführer und das Besichtigungsobjekt. Direkte Methoden besitzen den Vorteil, dass
Wissen strukturiert und konzentriert den Teilnehmer erreicht. Nachteilig ist, dass Aktivität ausschließlich vom Gästeführer ausgeht, „Erfahrung und Erlebnis bleiben dabei
leicht auf der Strecke" (Günter 1991, S. 216).

Bei den indirekten Methoden wird Wissen auf 'indirekte' Weise vermittelt. Die Rolle des Gästeführers gerät dabei etwas in den Hintergrund. Der Gästeführer muss Rahmenbedingungen schaffen, die das Aktivwerden der Teilnehmer ermöglichen, sowie Impulse als Anregung zur Auseinandersetzung mit der Destination geben. Formen des indirekten Vermittelns können Gespräche, Diskussionen, Arbeitsgruppen oder Spiele sein, bei denen die Teilnehmer aktiv einbezogen werden und sich selbst einbringen können. Bei Anwendung der indirekten Methoden sollte auf Ansätze der Freizeitpädagogik, Animation sowie Gesprächsführungstechniken zurückgegriffen werden. Es sollte darauf geachtet werden, dass die Teilnehmer nicht das Gefühl bekommen, dass sie abgefragt werden, oder Angst bekommen, sich zu blamieren (vgl. Schmeer-Sturm 1997, S. 127; Günter 1991, S. 220). Die indirekten Methoden fordern die Kreativität, Eigenständigkeit und Aktivität der Teilnehmer. Sie sind allerdings zeitaufwendig und bedürften dennoch des stetigen Eingreifens des Gästeführers (direkte Methoden), um auf Zusammenhänge mit dem übergeordneten Lernziel hinzuweisen (vgl. Güter 1991, S. 220).

Der Gästeführer sollte versuchen, die Motivation der Teilnehmer während der gesamten Gästeführung aufrecht zu halten. Nur so können die Lernziele erreicht werden. Es sollte darauf geachtet werden, dass eine Spannung herrscht, um das Interesse der Gäste stets zu wecken und zu vertiefen. Dies geschieht, indem auf den Wert und die Bedeutung von bevorstehenden Sehenswürdigkeiten hingewiesen wird. So kann sich eine Erwartungshaltung bei den Teilnehmern aufbauen. Ferner sollte die Wissensvermittlung auf einer kommunikativen Ebene stattfinden. Dabei leitet der Gästeführer Gespräche ein und fördert Diskussionen. Auf Anregungen und Wünsche der Teilnehmer kann in einem gewissen Maße eingegangen werden. Motivationsfördernd wirkt ebenfalls die Herstellung von Bezügen von der Vergangenheit zur Gegenwart. Auf diese Weise kann das Interesse der Teilnehmer neu geweckt werden (vgl. Günter 1991, S. 211 ff).

2.4.2 Methodische Prinzipien und Verfahren

Die Methodik der Gästeführung umfasst eine Vielzahl von Methodenkonzepten. Ein breites Spektrum wird im Folgenden skizziert.

Generell kann bei der Darstellung von Inhalten zwischen dem induktiven oder deduktiven Verfahren gewählt werden. Das induktive geht im Gegensatz zum deduktiven Verfahren vom Konkreten zum Allgemeinen über. Dieses Verfahren wirkt sehr motivierend, da der Teilnehmer einen Prozess des Erschließens und Erfahrens durchlebt. Das deduktive Verfahren dagegen verschafft einen Überblick und geht dann über zu einzelnen Aspekten. Die Teilnehmer erfahren damit zunächst eine Systematik. Als nachteilig stellt sich der Mangel an Dramatik heraus (vgl. Günter 1991).

Ferner wird unterschieden zwischen dem ganzheitlichen und dem exemplarischen Vorgehen. Das ganzheitliche Verfahren zielt auf die Gesamtheit und Überschaubarkeit einer Thematik. Der Gästeführer sollte dieses Verfahren anwenden, wenn überschaubare bedeutende Themen vermittelt werden sollen. Beim exemplarischen Verfahren wird ein Objekt ausgewählt, anhand dessen eine übergeordnete Thematik erläutert wird. Der Teilnehmer soll lernen, Zusammenhänge zu sehen und selbstständig Ähnlichkeiten einzuordnen und zu interpretieren. Das heißt, dass Transferziele mit diesem Vorgehen vermittelt werden. Das exemplarische Vorgehen ist von grundlegender Bedeutung für die didaktische und methodische Planung und Durchführung (vgl. Günter 1991, Schmeer-Sturm 1996).

Gästeführungen beziehen sich generell auf das Prinzip der Anschaulichkeit. „Zur Erklärung von Geschichte und abstrakten Begriffen sucht der Gästeführer nach visuellen 'Aufhängern' „...Er synchronisiert seine Informationen mit dem passenden Objekt der Anschauung" (Schmeer-Sturm 1996, S. 51). Das Gesehene wird beschrieben, eingeordnet und interpretiert. Das Beschreiben steuert die Wahrnehmung der Teilnehmer auf das Wesentliche und grenzt vom Unwichtigen ab. Bei der Einordnung wird das Objekt in einen Zusammenhang zum Thema gestellt. Ähnlichkeiten zu anderen Objekten werden sichtbar. Folglich wird das Objekt mit einem übergeordneten Lernziel in Verbindung gebracht und interpretiert.

17

Das Prinzip der Anschaulichkeit überschneidet sich zum Teil mit der Methode der Elementarisierung. Eine Übertragung von Wissen erfolgt an konkreten und vereinfachten Fällen. Bezüge zum Zusammenhang werden gegeben, um das Konkrete in das Gesamtbild einzuarbeiten. Bei der Elementarisierung werden das bildhafte Vorstellungsvermögen sowie die Erfahrungen der Teilnehmer angesprochen. Nebensächliches muss dabei vermieden werden, Schlüsseldaten betont und Zahlen- und Größenverhältnisse dargestellt werden (vgl. Schmeer-Sturm 1996). Der Gästeführer darf sich nicht profilieren, sonder muss sein Wissen so vermitteln, dass es von den Teilnehmern verstanden wird. Er sollte seine Methoden stets hinterfragen. Doppeldeutigkeiten, Wertungen, Verwirrungen und falsche Assoziationen müssen vermieden werden (vgl. Schmeer-Sturm 1996).

Generell sollte der Gästeführer klarmachen, wenn er an bereits Gelerntes anknüpft, auf Ähnlichkeiten, bzw. Gegensätzlichkeiten und Wiederholungen hinweisen und den Blickwinkel, aus dem das Objekt behandelt wird, darstellen. Bevorstehendes sollte bekannt gegeben werden, um einerseits zu motivieren, andererseits Bezüge herzustellen. Diese Methode erleichtert es den Teilnehmern, strukturiert zu lernen, und schafft Lernerfolge. Kombiniert mit indirekten Methoden kann das Gelernte vertieft und problematisiert werden (vgl. Günter 1991; Schmeer-Sturm 1996).

Das Prinzip der Aktivierung richtet sich auf einen Aufbau von Spannung und die Erhöhung der Aufnahmebereitschaft durch ein Aktivwerden der Teilnehmer. Schmeer-Sturm (1996) macht darauf aufmerksam, dass dies bei klassischen Gästeführungen nicht einfach ist und meistens nur auf der kommunikativen Ebene realisiert werden kann (kommunikative Führungsformen). Gefördert werden ein Tätigkeitswechsel und die Bereitschaft der Teilnehmer zur Kommunikation. Es sollte dem Gästeführer gelingen die Fremdheit und die Ängste der Teilnehmer zu überwinden und eine gelassene und offene Atmosphäre zu schaffen (vgl. Schmeer-Sturm 1996).

Der Gästeführer muss in der Lage sein, sich an unterschiedliche Gruppen anzupassen (Prinzip der Anpassung). Er sollte ihre Herkunft kennen, wissen, welche Vorkenntnisse die Teilnehmer besitzen, welche Interessen, Erwartungen und Motivationen sie haben. Ebenso wichtig ist das Erkennen und sich Einstellen auf die soziale Situation (z.B. Singles, Familien, Probleme) sowie die körperliche Kondition (bedingt durch Wetter,

Alter usw.) der Teilnehmer. Abhängig davon müssen passende Methoden und der richtige Führungsstil gewählt werden, das Verhalten des Gästeführers angepasst werden und wenn möglich organisatorische Vorkehrungen getroffen werden (vgl. dies.). Wichtig für die Anpassung an die Teilnehmer ist die äußere und innere Differenzierung. Der Gästeführer erkennt, ob Teilnehmer Strecken der Führung körperlich nicht bewältigen können, informiert sie darüber und schafft Alternativen (z.B. Warten im Cafe, während der Rest der Gruppe einen Hügel besteigt). Die innere Differenzierung bezieht sich auf unterschiedliche Interessen, die den Inhalt der Führung betreffen. Der Gästeführer kann sich innerhalb eines Vortrags an Teilnehmer mit bestimmten Interessen wenden (vgl. Schmeer-Sturm 1996).

Eine weitere Methode ist die Anwendung von Medien. Bei Gästeführungen kommen Fotographien, Fotokopien, Skizzen u.a. in Frage. Mit deren Hilfe sollen Sachverhalte veranschaulicht, das Verstehen erleichtert und motiviert werden. Die Anwendung von Medien sollte bereits in der didaktischen Planung bedacht werden (vgl. Günter 1991, Schmeer-Sturm 1996). Ähnlichen Zweck verfolgt die Methode der Quellenbefragung. Auch sie veranschaulicht das Thema und ermöglicht einen Zugang. Quellen können sprachliche, musikalische, bildliche, architektonische usw. sein. Der Gästeführer kann beispielsweise Quellen, wie Romanauszuge, Flugblätter, Zeitungsausschnitte, Tagebucheintragungen, in die Führung einbauen. (vgl. Günter 1991, Schmeer-Sturm 1996).

Das Prinzip der Rhythmisierung bezieht sich auf den zeitlichen, inhaltlichen und methodischen Bereich. Es wird darauf geachtet, Ermüdungserscheinungen vorzubeugen, sowie die Aufnahmefähigkeit der Teilnehmer zu optimieren (z.B. durch nicht zu langes Stehen, meiden von langen, komplizierten Vorträgen). Bei der inhaltlichen Rhythmisierung kommt es darauf an, dass das Programm abwechslungsreich gestaltet wird. Ebenso hat der Gästeführer die Möglichkeit, auch bei ähnlichen Besichtigungsorten jeweils andere Schwerpunkte zu setzen. Um Langeweile vorzubeugen, muss Rhythmisierung auch im methodischen Bereich geschehen (Diskussionen, Vorträge, Fragen, Suchspiele usw.) (vgl. Günter 1991, Schmeer-Sturm 1996).

Wichtig für die Wissensvermittlung ist die Strukturierung durch Begriffsbestimmung. Durch konkrete Begriffsbestimmung und Abgrenzung wird eine Möglichkeit geschaffen, Besichtigungsobjekte und Punkte zu erkennen und einordnen zu können. Neu Gelerntes kann nur sinnvoll mit bereits Gelerntem verknüpft werden, wenn Vergleiche aufgezeigt wurden, Unterschiede sichtbar gemacht, das Objekt eingeordnet und genau beschreiben wurde (vgl. dies.).

Zum Zweck einer aktiven Teilnahme der Gäste trägt die kommunikative Führung bei. Sie zeichnet sich dadurch aus, dass „...sich die 'Führung' in die Rolle der 'Gesprächsleitung' begibt und Anregungen, Wahrnehmungen und Eindrücke der Teilnehmer besonders berücksichtigt. Diese können ihre Empfindungen, Gedanken und Kenntnisse mit einbringen. Das hat zur Folge, daß die Führung nicht zwischen Objekt und Adressat sondern das Objekt im Mittelpunkt steht, über das sich Teilnehmer und die Leitung unterhalten" (Schlosser 1993, S. 107) Für eine kommunikative Führung kann sich der Gästeführer der didaktischen Frage bedienen. Fragen an die Teilnehmer zu stellen, kann sich als eine gute Methode herausstellen, um die Gruppe zu aktivieren und Impulse zu geben. Wichtig ist, dass die Teilnehmer nicht überfordert werden oder Angst vor einer Blamage haben. „Durch die didaktische Frage wird nicht vorgetäuscht, dass der Gästeführer die Antwort nicht weiß, sondern er fordert den Besucher durch die Frage - möglichst spielerisch, animativ - auf, ein Besichtigungsobjekt unter einem bestimmten Gesichtspunkt zu betrachten" (Schmeer-Sturm 1996, S. 76).

Weitere Methoden der Gästeführung sind die Darstellung gegensätzlicher Standpunkte und die Personalisierung. Diese Methoden veranschaulichen das Thema der Führung und ermöglichen ein besseres Verständnis. Mit dem Prinzip der Personalisierung versucht der Gästeführer „...einen Zeitabschnitt der Geschichte aus der Sicht einer verbürgten, einer literarischen, vielleicht sogar einer möglichen, aber erfundenen Person oder eines Personenkreises zu schildern" (Schmeer-Sturm 1996, S. 57), wobei die Autorin jedoch vor einer übertriebenen Personalisierung warnt. Selbstverständlich ist die sachliche Richtigkeit der Führung eine Grundvoraussetzung (vgl. dies.)

2.5 Grundgedanken für eine erlebnisorientierte Wissensvermittlung

Es wurden Methoden aufgezeigt, die eine zielgerichtete Wissensvermittlung in der Gästeführung ermöglichen. Nun gilt es Überlegungen anzustellen im Hinblick auf eine spätere Auswahl an Methoden, die im Sinne einer erlebnisorientierten Wissensvermittlung wirken. In Anlehnung an Schlosser (1993) werden in der vorliegenden Arbeit, an dieser Stelle, erstmalig Grundgedanken hinsichtlich einer erlebnisstrategischen Gestaltung von Gästeführungen angeführt.

Schlosser (1993) beschäftigt sich damit, wie Wissensvermittlung bei der Reiseleitung zugunsten individueller Erlebnismomente gestaltet werden kann. Die Autorin kommt zu dem Ergebnis, dass 'Erfahrungsräume' geschaffen werden müssen, in denen 'Kreativität und Rezeptivität' verbunden werden. Ferner sollten interdisziplinäre Methoden Anwendung finden, die eine „weitgehend eigenaktive, kreative Aneignung von Geschichte, Kunst, Landschaft, Sozialstrukturen, den Ausdruckformen der Menschen, Symbolen usw." (Schlosser 1993, S. 104) ermöglichen. Dementsprechend müssen Barrieren abgebaut und ein persönlicher Zugang zum Thema geschaffen werden. Dies kann nach Schlosser (1993) durch das Herstellen von „Bezügen zur Gegenwart bzw. zur gegenwärtigen Lebenssituationen der Teilnehmer" (S. 104) sowie durch das Einbringen kreativer und spielerischer Elemente geschehen.

Grundlegend kommt es darauf an, dass eine „....individuelle Beziehung zum Gegenstand bzw. Landschaft, Geschichte, Kultur etc. ... aktiviert und intensiviert [wird]" (Schlosser 1993, S. 105). Aufgrund dynamischer Gruppenprozesse soll sich ein Annährungsprozess an die Materie entwickeln, bei dem die Teilnehmer Hemmungen verlieren, Eigenaktivität entfalten und eigenständig Erfahrungen machen und so nach und nach Wissen erschließen. Gruppengespräche sollen dazu dienen, dass persönliche Empfindungen und Meinungen ausgedrückt werden, die schließlich Zusammenhänge erkennen lassen und zu einer Horizonterweiterung beitragen (vgl. dies.).

Um subjektbezogene Erfahrungen zu ermöglichen, müssen Methoden angewandt werden, die „...teil-nehmer-, handlungs-, kommunikations- und inhaltsorientiert sind" (Schlosser 1993, S. 105). Ausschlaggebend dafür ist eine Methodenvielfalt, die Kommunikation fördert, die sowohl Unterhaltung, als auch Bildungsaspekte enthält und somit den Teilnehmern die Wahl überlässt, „...ob sie lernen, sich zerstreuen, anregen, selbstfinden und –erfahren wollen" (dies. S. 106).

Das übergeordnete Ziel ist es eine Verknüpfung herzustellen zwischen einer „... spontanen emotionalen 'Objekt' –Erfassung ...[und] kognitiven Elementen" (Schlosser 1993, S. 104) zugunsten individueller Erfahrungen. Die Autorin ist der Meinung, dass individuelle Erlebnismomente durch einen Wechsel zwischen Vermittlung durch einen Führer und Selbstaneignung von Informationen geschaffen werden.

Diese Grundgedanken müssen für die Erstellung des Kriterienkatalogs in Kapitel 7 Beachtung finden. Folglich müssen für eine erlebnisorientierte Wissensvermittlung speziell die Methoden ausgewählt werden, die nach Schlosser einerseits eine Selbstaneignung durch eigene, persönliche Erfahrungen zulassen, andererseits eine direkte Vermittlung durch den Gästeführer ermöglichen. Daraus ergibt sich die Bedeutung eines Wechsels zwischen indirekten und direkten Methoden.

2.6 Zusammenfassung

Dieses Kapitel zeigte, dass die Gästeführung ein wichtiges Marketinginstrument zur Präsentation touristischer Destinationen darstellt. Durch die Gästeführung entstehen Synergien zwischen dem Fremdenverkehrsort und seinen Gästen. Für beide Seiten ergeben sich positive Effekte und Vorteile.

Schon immer haben sich ortsfremde Menschen an Führer und Erklärer gewandt. Auch wenn sich im Laufe der Zeit die Schwerpunkte der Gästeführung von der Pilgerfahrt des Mittelalters über Kavaliersfahrten der Renaissance bis hin zu Erholungsreisen des 20. Jahrhunderts verschoben, bleibt das Interesse, fremde Orte, ihre Besonderheiten und die Einheimischen kennen zu lernen. In der Gegenwart liegt der Schwerpunkt auf Erlebnisreisen und Erlebnis-Gästeführungen. Wie in der Vergangenheit, als Priester und Mönche (vgl. Schmeer-Sturm 1997, S. 11) die qualifizierten 'Führer' für die Pilger waren, müssen nun Gästeführer eingesetzt werden, die über Kenntnisse der erlebnisorientierten Wissensvermittlung verfügen.

Die Theorie der Gästeführung veranschaulicht, wie Führungen erfolgreich konzipiert und durchgeführt werden. Darüber hinaus macht das Unterkapitel 2.5 deutlich, wie das Potenzial der Theorie der Gästeführung hinsichtlich einer erlebnisorientierten Wissensvermittlung ausgeschöpft werden kann.

3. Die Erlebnisorientierung vor dem soziologischen Hintergrund

Die Bedeutung des Erlebnisses rückt in unserer Gesellschaft immer mehr in den Vordergrund. Nach dem Agrar- und Industriezeitalter folgt das Erlebniszeitalter (vgl. Opaschowski 1983, S.88). Doch wie kommt es zu dieser erlebnisorientierten Gesellschaft? Wie äußert sie sich und welche Bedingungen liegen ihr zugrunde? Die Entwicklung setzt einen Wandel der gesellschaftlichen und ökonomischen Strukturen und einen daraus resultierenden Wertewandel voraus.

Dieses Kapitel widmet sich einer Betrachtung des Erlebnisbegriffs aus soziologischer Sicht. Dabei wird deduktiv vorgegangen. Es werden gesellschaftliche Hintergründe aufgezeigt, die zur Erlebnis-orientierung geführt haben. Dies soll einen Weg zur weiteren, tiefergehenden Betrachtung ebnen. Zunächst folgt eine Thematisierung auf gesellschaftlicher Ebene, danach folgt eine genauere Betrachtung des Tourismus. Schließlich wird die Gästeführung konkret im Zusammenhang der Erlebnisorientierung thematisiert.

3.1 Der gesellschaftliche Wandel - von der Askese zum Genuss

Vor dem gesellschaftlichen Wandel in Richtung einer erlebnisorientierten Gesellschaft waren die meisten Menschen gezwungen, das tägliche Überleben zu sichern. Noch bis in die Nachkriegszeit des 2. Weltkrieges war das Leben durch harte Arbeit und Moralvorstellungen der christlichen Kirche geprägt. Durch die Armutskrise, die durch das Bevölkerungswachstum ausgelöst wurde, gehörten Existenznot, Krankheit und Tod zu den Alltagserfahrungen der Menschen (vgl. Schulze 1992). Ein starres soziales Gefüge bestimmte die gesellschaftliche Rolle des Einzelnen. Weder ließ das von Arbeit geprägte Leben der individuellen Entfaltung Raum, noch galt dies als Wunschziel der Menschen. Luxusgüter waren so gut wie unerreichbar (vgl. Wachter 2001). Im Gegensatz zur heutigen Einstellung galten „...Genussstreben und Selbstverwirklichung ... als verwerflich" (Wachter 2001, S. 75).

Der Wandel der Gesellschaft lässt sich auf den angestiegenen Wohlstand einer großen Bevölkerungsgruppe, Veränderung der Lebensmuster, den allgemein wachsenden Bildungsstand ab 1970, sowie auf den technischen Fortschritt zurückführen. Ökonomische und soziale Sicherheit breitete sich aus. Folge dieser Entwicklung war die Entstehung des breiten Mittelstandes und seiner Suche nach neuen Lebensinhalten und der Selbstverwirklichung, die ein Ausbrechen aus dem alten sozialen Gefüge voraussetzte (vgl. Wachter 2001, Schulze 1992).

Die Selbstverwirklichung des Einzelnen lässt sich vor dem Hintergrund des Phänomens der Individualisierung (vgl. Opaschowski 1995, S. 127 f) darstellen. Dies bedeutet, dass jeder Mensch für sein Schicksal selbst verantwortlich, das Leben nach eigenen Wünschen gestaltbar ist (vgl. Romeiß-Stracke 1998, S. 178). Dieses Phänomen ist in den westlichen Industrienationen zu finden. „Nicht mehr die Herkunft oder die Klassen-, Standes- oder Schichtzugehörigkeit stehen im Vordergrund, sondern das eigene Schicksal und das, was man selbst aus seinem Leben macht oder machen will" (Küblböck, 2001, S. 19).

Die Ausdehnung der Freizeit war im Zusammenhang des gesellschaftlichen Wandels eine wichtige Rahmenbedingung. Die westdeutsche Arbeitszeit sank innerhalb der letzten 40 Jahre (bis 1992) von 50 auf 38,5 Stunden. Die Freizeit an Werktagen stieg von 1,5 auf 4,1 Stunden an. Die Wochenendfreizeit stieg von 1,5 auf 2 Tage. Die Urlaubzeit verdreifachte sich sogar, von 9 auf 31 Tage. Demnach steht den Menschen immer mehr arbeitsfreie Zeit zur Verfügung, die für Freizeit und Urlaubsaktivitäten genutzt werden kann (vgl. Opaschowski 1995, passim).

Im Zuge der Freizeitausdehnung kam die „Frei-Zeit-Orientierung" (Opaschowski 1995, S. 20) zum Ausdruck. Die heutige Generation legt großen Wert auf die Freizeit und sieht sie als einen unverzichtbaren Teil der Lebensqualität (ders.). Das lässt sich darauf zurückführen, dass die Freizeit einen Spielraum für die Erfüllung eigener Träume und Sehnsüchte sowie für die Verwirklichung persönlicher Wünsche bietet. Ferner besitzt Freizeit ein Genusspotenzial[2], das Glücksempfinden ermöglicht (vgl. Opaschowski 1997a). Die zur freien Disposition stehende Freizeit förderte die Hinwendung zur hedonistisch geprägten Lebensweise. Genuss, Selbstverwirklichung und das Erlebnis werden angestrebt (vgl. Wachter 2001, S. 76).

---

[2] Genuss des Essens und Trinkens, Freude an guten Kontakten, Spaß und Unterhaltung, Lesegenuss, Urlaubsreise (Opaschowski 1997a, S 273).

Zunehmend geriet das Erlebnis ins Zentrum der persönlichen Wertorientierung. Erlebnisse wurden zum wichtigen Aspekt der Lebensqualität und prägen die Auffassung vom Sinn des Lebens (vgl. Schulze 1992). Den dargestellten Wandel der Gesellschaft sieht Schulze nicht nur als den „Weg von der Pauperismuskrise zur Sinnkrise" vielmehr beschreibt er ihn als einen „Weg von der Überlebensorientierung zur Erlebnisorientierung" (S. 55).

Zusammenfassend lässt sich festhalten, dass der Wandel der ökonomischen und gesellschaftlichen Strukturen einen Wertewandel einleitete, der die Menschen individuell sowie kollektiv prägte. Werteverschiebungen definierten unter anderem die Einstellung zu Konsum, Arbeit und Freizeit. Freizeit wurde als Erlebniszeit neu bewertet. Der *Hedonismus* und der *Individualismus* sind als ausschlaggebende Wertehaltungen zu betrachten, aus denen die Erlebnisorientierung unserer Gesellschaft resultiert.

3.1.1 Die Erlebnisorientierung

Im Folgenden wird auf die Erlebnisorientierung unserer Gesellschaft näher eingegangen. In diesem Zusammenhang wird geklärt, was Erlebnisorientierung bedeutet und wie sie sich äußert.

Nach Schulze (1992) spielt die Vermehrung der Möglichkeiten, die im Zuge des wirtschaftlichen Aufschwungs und der Aufhebung der traditionellen gesellschaftlichen Rollen auftrat, eine wichtige Rolle zur Herauskristallisierung der Erlebnisorientierung unserer Gesellschaft. Das Individuum steht vor der täglichen Wahl, sein Leben zu gestalten, und muss aus einer Fülle von Möglichkeiten, Produkten und Dienstleistungen auswählen.

Das Angebot ist vielfältig, Marktnischen sind gefüllt. Viele Produkte sind vom Gebrauchswert so gut wie identisch. Die Wahlsituation zwingt die Menschen, eine Entscheidung zu treffen, die nicht vom Gebrauchswert eines Produktes abhängig ist, sondern sich an ästhetischen Kriterien orientiert. "Der Erlebniswert von Angeboten überspielt den Gebrauchswert und wird zum dominierenden Faktor der Kaufmotivation und der Kalkulation von Absatzchancen" (Schulze 1992, S. 59).

Die Folge der o.g. *Vermehrung der Möglichkeiten* war somit eine Veränderung der Handlungsmotivationen. Sichtbar werden die Handlungsmotivationen, wenn gegensätzliche Gesellschaftsformen miteinander verglichen werden. Individuen, die in einer Gesellschaft leben, die durch Knappheit und Armut gekennzeichnet ist, handeln im Allgemeinen außenorientiert: Arbeit dient dem Überleben, Nahrungsaufnahme dem Stillen von Hunger, Kleidung schützt vor Kälte bzw. Hitze (vgl. Wachter 2001, S.93 f). Unsere Gesellschaft hingegen handelt innenorientiert. Das heißt, dass Entscheidungen nach inneren Bedürfnissen getroffen werden. Das Individuum setzt sich mit seinen Wünschen und Zielen auseinander. Die innenorientierte Lebensauffassung, bei der das Subjekt im Zentrum des Denkens und Handelns steht, bezieht sich auf viele Ebenen des Lebens: Kleidung, Essen, Partnerschaft, Kinder, Wohnen, Bildung, Arbeit und vieles mehr (vgl. Schulze 1992). Wenn innenorientierte Menschen auf der Suche nach Erlebnissen sind, so suchen sie nach Gefühlen, die sich in ihnen selbst abspielen wie z.B. Liebe, Glück, Anregung (vgl. Hennings 2000, S. 60). So dient beispielsweise die tägliche Nahrungsaufnahme nicht nur dem Stillen des Hungers, vielmehr wird der kulinarische Genuss zelebriert. Durch die Innenorientierung treten Wünsche in den Vordergrund, die bei einer außenorientierten Haltung nicht existieren.

Schulze (1992) nennt ein Beispiel, das den innenorientierten Entscheidungsprozess darstellt: Selbst beim Kauf von Seife muss sich der Konsument auf „erlebnisorientierte Zusatzqualitäten" (S. 59) einlassen. Allein der Gebrauchswert einer Seife reicht nicht aus, um sich für ein Produkt zu entscheiden. Das Angebot an Seifen ist vielfältig und reicht von „...wilder Frische, cremiger Zartheit, [über] erotische Formgebung [bis hin zur] Naturbelassenheit" (ebd.). Die Notwendigkeit der Wahl zwingt den Konsumenten, sich mit seinen Bedürfnissen auseinander zu setzen. Erst, wenn er weiß, was er will, kann er sich für eine bestimmte Seife entscheiden.

Das Individuum ist demnach durch Situationen gezwungen, sich mit seinem Inneren zu beschäftigen. Daraus entsteht eine Lebensauffassung, die Schulze „Projekt des schönen Lebens" nennt. Durch den neuen Selbstbezug zu sich selbst „...achtet [der Mensch] darauf, wie er erlebt, und versucht die Umstände so zu arrangieren, dass er sie schön findet" (Schulze 1992, S. 40). Angestrebt wird das positive Gefühl durch den Erwerb oder Konsum eines Produkts.

27

Das Bewusstsein für diesen Prozess und darauf gerichtete Handlungen nennt Schulze *Erlebnisrationalität*. „Das Subjekt wird sich selbst zum Objekt, indem es Situationen zu Erlebniszwecken instrumentalisiert. Erlebnisrationalität ist der Versuch, durch Beeinflussung äußerer Bedingungen gewünschte subjektive Prozesse auszulösen. Der Mensch wird zum Manager seiner eigenen Subjektivität, zum Manipulator seines Innenlebens" (Schulze 1992, S. 40).

Die Zunahme der Erlebnisorientierung bezieht sich nicht nur auf den Konsum. Selbst der Körper wird als Erlebnismedium empfunden, und die Psyche wird mit Begriffen wie Sensibilität, „Empfindungsreichtum, Gefühlsintensität" (Schulze 1992, S. 59) versehen. Auch soziale Kontakte werden anhand von erlebnisorientierten Kriterien ausgewählt. Das familiäre Gefüge sowie Zugehörigkeit zu einer gesellschaftlichen Schicht rücken in den Hintergrund. Es bilden sich neue Gruppen, deren Zusammengehörigkeit aus einer Unsicherheit und einem Orientierungsbedarf, durch die Zunahme an Optionen, resultiert (Schulze 1992, S. 177 ff).

Zusammenfassend betrachtet lässt sich erlebnisrationales Handeln auf einen Entscheidungsdruck zurückführen, der bei einem Überangebot an Konsum - und Erlebnismöglichkeiten entsteht. Die Menschen handeln erlebnisrational, sie wählen nur die Angebote aus, die intensive, positive Emotionen vermitteln. Nützlichkeit und Funktion treten dabei in den Hintergrund. Darüber hinaus erfasst die Erlebnisorientierung alle Bereiche des Lebens, wie Partnerschaft, Elternrolle, den Beruf, die Teilnahme am politischen Leben, das Verhältnis zum eigenen Körper und zur Natur (vgl. Schulze 1992). Des weiteren hat sie Einfluss auf das Zugehörigkeitsempfinden zu sozialen Gruppen. Vor diesem Hintergrund wird eine gesellschaftliche Umorientierung sichtbar. Schulze (1992, S. 40 ff) folgert, dass das Erlebnis unter dieser Berücksichtigung keine zufällige Erscheinung mehr ist, sondern ein durch strategisches Handeln bezwecktes Ziel. In welchem Umfang sich die Erlebnisorientierung auf den Konsum sowie auf den Markt auswirkt, wird im Folgenden diskutiert.

3.1.2 Der Erlebniskonsum

Die Erlebnisorientierung einer Gesellschaft wird anhand des Konsums sichtbar. Nach Opaschowski (2002a, S. 204; 2002b, S. 236) sah sich im Jahr 2000 ein großer Teil (49 %) der Bundesbürger als Erlebniskonsument. Besonders verbreitet ist die Tendenz zum Erlebniskonsum[3] unter den jungen Menschen (68 %). Die ältere Generation hingegen zählt sich größtenteils (76 %) zur Gruppe der Versorgungskonsumenten[4].

Wie Schulze (Kap 3.1.1) spricht auch Opaschowski von der „Sehnsucht nach dem schönen Leben" (2002b, S. 236). Im Gegensatz zum Versorgungskonsum, erfüllt der Erlebniskonsum die Wünsche des *schönen Lebens*. Erlebniskonsumenten zeichnen sich dadurch aus, dass sie „... sich Außergewöhnliches leisten, auch wenn sie dafür gelegentlich zu viel Geld ausgeben oder gar über ihre Verhältnisse leben" (Opaschowski 2002a, S. 204). Ihre Motivation sehen sie in einem möglichst lang andauernden und unbeschwerten Genuss des Konsumierens, der im Gegensatz zum hastigen und unproblematischen Versorgungskonsum steht, der schnell erledigt sein muss (vgl. Opaschowski 2002b, S. 238).

Nach Opaschowski spielt die zunehmende Genussorientierung der Bundesbürger[5] eine wichtige Rolle für die Zunahme des Erlebniskonsums. Der Autor differenziert in diesem Zusammenhang zwischen „E-Menschen" (Erlebniskonsument) und „V-Menschen" (Versorgungskonsument). Der E-Mensch konsumiert im Gegensatz zum V-Menschen genussvoll, und möchte sein Bedürfnis nach Genüssen befriedigen. Der Genuss, als wesentliches Motiv für den Erlebniskonsum, hat inzwischen den Status erreicht, den der Gebrauchswert und die Notwendigkeit von Produkten und Dienstleistungen im Versorgungskonsum besitzen (1995, S. 130 ff).

Der Konsument lebt jedoch nicht exzessiv und stürzt von einem Erlebnis in das nächste. Vielmehr konsumiert er nach der Devise „*Erst-Genuß-dann-Verzicht*" (vgl. Opaschowski 1995, S. 132). Das bedeutet, dass zunächst viel Geld für teure Erlebnisangebote ausgegeben wird, das später an Gebrauchsgütern des Versorgungskonsums gespart wird.

Bis zum Jahr 2010 prognostiziert Opaschowski ein Ansteigen des Erlebniskonsums. Einerseits wird die Bereitschaft, immer mehr Geld für Erlebnisse auszugeben, steigen, während sich die Anzahl der Versorgungskonsumenten verringern wird (vgl.

---

[3] Erlebniskonsum/Freizeitkonsum: "Verbrauch von Gütern und Dienstleistungen des gehobenen Bedarfs über das Existenzminimum hinaus. Höhere Konsum-Ansprüche aufgrund von mehr Geld und Zeit, Bildung und Wohlstand" (Opaschowski 1995, S. 42).

[4] Versorgungskonsum/Alltagskonsum: "Verbrauch von Gütern und Dienstleistungen des täglichen Bedarfs: Lebensmittel, Bekleidung, Wohnungsnutzung u.a." (Opaschowski 1995, S. 42).
[5] 1990: 58 % - 1991: 71 % (vgl. Opaschowski 1995, S. 66)

Opaschowski 2002a, S. 204; 2002b, S. 236). Andererseits wird eine stärkere Polarisierung zwischen Erlebnis- und Versorgungskonsum erkennbar sein (vgl. Opaschowski 1995, S. 141).

3.1.3 Der Erlebnismarkt

„In einer Erlebnisgesellschaft bekommt der Erlebniswert des Lebens eine außerordentliche Bedeutung und entwickelt sich gleichzeitig ein Erlebnismarkt, der massenhaft Erlebnisse inszeniert und den Wunsch nach einem schönen, interessanten, angenehmen und faszinierenden Leben verstärkt" (Opaschowski 2002b, S. 246).

Der Erlebnismarkt handelt mit ästhetisierten[6] Produkten, die auf innenorientierte Nachfrage zielen und mit Adjektiven wie z.b. schön, interessant, stilvoll, spannend, gemütlich bezeichnet werden können (vgl. Schulze 1992, S. 422). Möbel sollen beispielsweise nicht nur zweckmäßig und funktional sein, sondern auch o.g. Aspekte erfüllen. Es gibt Produkte, die werden ausschließlich innenorientiert nachgefragt, andere zeichnen sich durch eine Mischform von Außen- und Innenorientierung aus. Es bleibt nur ein kleiner Rest an, der schlicht außenorientiert nachgefragt wird (vgl. Schulze 1992, S. 428).

Schulze (1992) definiert den Erlebnismarkt als ein „...Zusammentreffen von Erlebnisnachfrage und Erlebnisangeboten..." (S. 421), und stellt die These auf, dass der Erlebnisnachfrage und dem Erlebnisangebot eine Rationalität zugrunde liegt. Dabei muss der Erlebnisanbieter sein Angebot nach der Erlebnisrationalität (Kap. 3.1.1) der Erlebniskonsumenten richten. Der Anbieter braucht demnach ein Bewusstsein für die innenorientierten Wünsche der Nachfrager. Vor diesem Hintergrund wird das Angebot nicht nur außenorientiert modernisiert, wie z.B. durch technischen Fortschritt, sondern auch auf der erlebnisrationalen Ebene (ders. S. 419).

Erlebnisnachfrager handeln innenorientiert, bezogen auf ihr Gefühlsleben. Sie können weder beschreiben, was sie wollen, welche Art von Erlebnis sie anstreben, noch können sie sicher sein, ob sie erfolgreich sein werden, ein Erlebnis zu haben. „...auf dem Erlebnismarkt bekommt man nur die Zutaten. Niemand kann jedoch auch noch die subjektive Konstruktion des Erlebnisses als alltagsästhetische Dienstleistung

---

[6] Die Ausstattung und Herrichtung der Produkte für Erlebnisse nennt Schulze Ästhetisierung (1992, S. 428).

mitliefern" (Schulze 1992, S. 431). Doch diese Unsicherheit und das Enttäuschungsrisiko blendet der Erlebniskonsument aus. Statt dessen folgt er einem *innenorientierten Rationalitätstypus*, der sich aus der Strategie[7], das passende Produkt auszuwählen, sowie dem Ziel, ein Erlebnis zu haben, bildet (ders. S. 431 ff).

Für die Erlebnisanbieter steht die Publikumswirksamkeit im Zentrum des Interesses. Um erfolgreich auf dem Erlebnismarkt zu bestehen, müssen sie sich mit dem Rationaltypus der Erlebnisnachfrager auseinandersetzen. Es bildete sich ein *außenorientierter Rationalitätstypus* samt eigener Strategie[8] (vgl. Schulze 1992, S. 439 ff). Aus dem Aufeinandertreffen der Strategien beider Rationalitätstypen und ihrer gegenseitiger Bestätigung entsteht ein voneinander abhängiges Zusammenspiel. Es bildet sich eine Dynamik des Erlebnismarktes aus (ders. S. 443).

Die oben genannte Rationalität der Erlebnisanbieter impliziert Marketingstrategien. Opaschowski (1995, S. 144) betrachtet erlebnisorientiertes Marketing als unverzichtbares Mittel, um Waren als Erlebnisangebote zu verkaufen und somit eine Position auf dem Erlebnismarkt zu sichern. Erlebnismarketing muss Produkte mit Emotionen beseelen, dabei sollen alle Sinne angesprochen werden. So können Produkte „emotionale Konsumerlebnisse" (Opaschowski 1995, S. 145) schaffen. Gleichzeitig erhält das Produkt ein USP[9]. Es wird somit einmalig und individuell, und tritt aus der Masse des übersättigten Marktes hervor. Der Autor weist darauf hin, dass Erlebnismarketing mehr als die reine Befriedigung von Bedürfnissen bedeutet, vielmehr soll die Lebensqualität und -zufriedenheit gesteigert werden (ders. S. 138 ff).

Auf dieser Basis entstanden Erlebniswelten[10]. Aus Kaufhäusern wurden Erlebniseinkaufscenter und Urban Entertainment Center, Hotels wurden Themen- oder Erlebnishotels, der klassische Zoo wurde zum Erlebnispark, auch das Museum wird immer mehr zum Erlebnis für alle Sinne (vgl. Kagelmann 1998).

---

[7] Strategie des Rationaltypus der Erlebnisnachfrager besteht aus: Korrespondenz, Abstraktion, Kumulation, Variation, Autosuggestion (vgl. Schulze 1992, S. 432 ff).

[8] Strategie des Rationaltypus der Erlebnisanbieter besteht aus: Schematisierung, Profilierung, Abwandlung, Suggestion (vgl. Schulze 1992, S. 439 ff).

[9] Unique Selling Proposition: „Begriff aus der Werbung/dem Marketing für die Einzigartigkeit oder Besonderheit eines Produktes, leitet sich als Verbraucherversprechen aus der angestrebten Positionierung ab. Vom Reiseveranstalter oder Leistungsträger muss dem Verbraucher ein wirklicher, nach Möglichkeit einzigartiger Nutzen versprochen werden" (Schroeder 2002, S. 352).

[10]„Eine Erlebniswelt ist ein künstlich geplanter, kommerzieller Freizeit- (oder Urlaubs-)bereich, in dem geplant wird, den dafür i.d.R. Eintritt zahlenden Menschen besonders viele Funktionen zu vermitteln und dabei als besondere Dienstleitung emotionale Erlebnisse für einen begrenzten Zeitraum zu verschaffen" (Kagelmann 1998, S. 61).

Alle Arten von Erlebniswelten verfolgen ein gemeinsames Ziel, sie möchten ihren Besuchern eine Gegenwelt zum Alltag bieten. In einer Phantasiewelt sollen sich die Besucher amüsieren, sollen genießen und erleben. Sorgen und Stress werden während dessen vergessen (vgl. Opaschowski 2000b, S. 47 ff). Opaschowski (2000a) sieht Parallelen zwischen Religion bzw. Kirche und den Erlebnismachern. Seiner Meinung nach versprechen beide den Menschen Glück und Lebensfreude. Vor diesem Hintergrund stellt der Autor eine berechtigte Frage: Werden Freizeit und Erlebniswelten zu „...neuen Kathedralen des 21. Jahrhunderts[,] zum *Heiligtum* für erlebnishungrige Menschen?" (2000a, S. 105).

3.2 Erlebnisorientierung in Freizeit und Tourismus

Im Zuge des geschilderten Wertewandels wird die Erlebnisorientierung unserer Gesellschaft speziell in der Freizeit und im Tourismus deutlich. „Der Urlaub ... ist eine der empfindlichsten emotionalen Situationen, denen der moderne Mensch ausgesetzt ist" (Romeiß-Stracke 1998, S. 178). In diesem Rahmen erhoffen sich Erlebnissuchende die Erfüllung ihrer Wünsche und Träume. Freizeit und Tourismus können als Erlebnis-Spielwiese der heutigen Zeit gesehen werden, müssen im Gegensatz zur Arbeit einen Raum zur Selbstverwirklichung und Befriedigung der innenorientierten Bedürfnisse bieten (vgl. Opaschowski 1995, S. 45). Für Opaschowski ist Erlebnis ein wichtiges Schlagwort der aktuellen Freizeit- und Tourismusforschung. Seiner Meinung nach hat sich ein Wandel der Tourismus- und Freizeitindustrie zur Erlebnisindustrie vollzogen (2002a, S. 242 ff; 1995, S. 23).

3.2.1 Der Tourismusmarkt im Wandel

Der Tourismusmarkt befindet sich seit den 90er Jahren in einer Krise, behaupten Tourismus- und Freizeitforscher, wie Steinecke (1997), Morasch (1998), Kagelmann (1998) und Opaschowski (2002a). Der Markt sei gesättigt, es lasse sich kein touristisches Wachstum verzeichnen. Das Überangebot verschafft den Anbietern Absatzschwierigkeiten. Aufgrund der Globalisierung geht die Nachfrage in den europäischen Destinationen zurück. Der Wettbewerb findet auf der internationalen Weltbühne statt. Zugleich hat sich das Nachfrageverhalten geändert, Konsumenten sind aufgrund ihrer zunehmenden Reiseerfahrung anspruchsvoller, kritischer und preissensibler geworden (vgl. Steinecke 1997, S. 7 ff; Steinecke 2000, S. 11 f).

In der touristischen Nachfrage lassen sich mehrere Trends mit deutlichem Bezug zum o.g. Wertewandel feststellen (vgl. Steinecke 1997). Um als Anbieter auf dem Tourismusmarkt erfolgreich zu sein, ist die Kenntnis der Trends der touristischen Nachfrage unverzichtbar. Die Trends werden im Folgenden dargestellt (vgl. Steinecke 1997, S. 9 ff):

Angesichts der Reiseerfahrung und der damit verbundenen Vergleichsmöglichkeiten sind die Ansprüche der Konsumenten gestiegen. „Der Gast empfindet die Basisleistung wie Unterkunft, Gastronomie und Unterhaltungsangebote eines Tourismusortes oder einer Tourismusregion als Selbstverständlichkeit, erwartet wird eine ergänzende **Zuatzleistung mit hohem emotionalen Wert**" (ders. 1997, S. 9).

Das gesellschaftliche Phänomen der Individualisierung setzt sich in Tourismus und Freizeit fort. Konsumenten haben durch ihr Bedürfnis nach Individualität ein Verlangen nach Einzigartigkeit und Exklusivität. Des weiteren ist ihr Verhalten geprägt von Flexibilität und Kurzfristigkeit. Reiseentscheidung werden flexibel getroffen, Buchungen kurzfristig vorgenommen. Freizeit- und Urlaubsaktivitäten sowie die Reisemotive zeichnen sich durch ihre Komplexität aus. „Anstelle eines Hauptmotives ist nun ein Bündel von Reisemotiven zu beobachten, zu denen u. a. der intensive Genuß, die Erholung in der Natur, etwas Neues sehen, das sinnliche Erleben, die Gesundheit und die Zeitsouveränität zählen" (Steinecke 1997, S. 10).

Bei der Wahl der Freizeit- und Urlaubsaktivitäten stehen mehrere Motive im Hintergrund, die sich kurzfristig ändern können. Steinecke führt diese Entwicklung auf die „...steigende Pluralität der Lebensstile..." (Steinecke 1997, S. 11) zurück, und erkennt darin einen Wunsch des Individuums nach einem „...Ausbruch aus der Massengesellschaft..." (ebd.). Für den Anbieter bedeutet das, dass er eine breite Angebotspalette bereitstellen muss, um Kundenbedürfnisse befriedigen zu können.

Abschließend sieht Steinecke die „Diversifizierung der Zielgruppen" (1997, S. 11) als einen Trend. Herkömmliche Zielgruppen müssen präziser definiert werden. Für die Freizeit- und Tourismusbranche ergeben sich beispielsweise Zielgruppen, wie junge Doppelverdiener ohne Kinder (*Dinks*) oder die jungen Alten, für die sich entsprechende Konzepte ausarbeiten lassen.

Auch Opaschowski (2002a, S. 241 ff; 1995 S. 164 ff) ist der Meinung, dass sich das Konsumentenverhalten in Bezug auf Tourismus verändert hat. Wie Steinecke, spricht er von der Sättigung des Marktes, dem Trend zur Individualisierung und den wachsenden Ansprüchen der Touristen. „Die Reisenden hätten fast alles schon erlebt und im 21. Jahrhundert gäbe es keine touristischen Abenteuer mehr. ...Reisen sei alltäglich und der Tourismus eine Banalität geworden" (2002a, S. 279).

Die Erlebnisorientierung scheint der Ausweg aus der Krise zu sein (vgl. Kagelmann 1998). Die Freizeit- und Tourismusbranche muss mit der Entwicklung der Gesellschaft im Hinblick auf die Suche nach Erlebnissen Schritt halten können. „Erlebnisqualität ist zunehmend gefragt, also psychologische Extras, die besondere Erlebnisse versprechen, ohne Erholung zu verhindern" (Opaschowski 2002a, S. 275).

Folglich müssen sich die Tourismusmacher Neues einfallen lassen, um den verwöhnten Gästen etwas bieten zu können. Opaschowski (2002a) fordert in Anbetracht des „Erlebnis-Zeitalter[s]" (S. 270) neue Urlaubskonzepte, um die gestiegenen Wünsche und Erwartungen der erlebnisorientierten Gäste erfüllen zu können. „Der Tourismus muss neue Wege gehen, ...Erlebnismarketing zum Herzstück strategischer Planung machen" (2002a, S. 279). Erlebnisstrategien, so der Autor, „...müssen auf Highlights, variable Bausteinprogramme und Nischenmarketing setzen, Phantasie besitzen und Perfektion beherrschen..." (2002a, S, 270).

Um auf dem Markt bestehen zu können, müssen touristische Destinationen demnach ihr Angebot auf die Erlebnisrationalität der Gäste abstimmen (vgl. Kap. 3.1.3). Was unter dem Begriff Erlebnisangebot im touristischen Sinn verstanden wird, und wie Konsumenten darauf reagieren erklärt der nächste Abschnitt.

3.2.2 Das Erlebnisangebot als notwendige Konsequenz

Wie der obige Abschnitt gezeigt hat, sind touristische Destinationen von der Erlebnisorientierung nicht ausgeschlossen. Ganz im Gegenteil, gerade der Tourismus- und Freizeitmarkt hat die Aufgabe, Erlebnisse 'am laufenden Band' zu liefern. Die ausgeprägte Erlebnissuche stellt besonders hohe Erwartungen an touristische Destinationen. Ein erlebnisorientiertes Angebot als Reaktion ist unverzichtbar. An dieser Stelle taucht die Frage auf, wie erlebnisorientierte Angebote im touristischen System einzuordnen sind. Eine Rangfolge des touristischen Angebotes ermöglicht eine systematische Einordnung von Erlebnisangeboten (vgl. Wachter 2001, S. 110 f).

Das *Erlebnisangebot* ist als hierarchische Spitze einer dreistufigen Angebotspyramide einzuordnen, dessen Fundament das *Basisangebot*, dessen zweite Stufe das *Standardangebot* bildet. Das Basisangebot einer touristischen Destination umfasst die „...landschaftliche Schönheit, eine intakte Natur sowie ein in Qualität und Quantität zufriedenstellendes Beherbergungs- und Gastronomieangebot" (Wachter 2001, S. 110). Das Vorhandensein des Basisangebots wird von den Gästen als selbstverständlich gesehen. Können Destinationen die Erwartungen nicht erfüllen, ist der Gast unzufrieden. Ähnlich verhält es sich mit dem Standardangebot, zu dem eine moderne und attraktive touristische Infrastruktur sowie gute Serviceleistung zählen. Lücken im Standardangebot lösen beim Gast Enttäuschungen und Missmut aus. Eine Befriedigung der Bedürfnisse auf dieser Ebene erzeugt nicht unbedingt Zufriedenheit, eher Gleichgültigkeit. Erst das Erlebnisangebot, an der Spitze der Pyramide, ermöglicht Glücksempfinden und Unvergesslichkeit des Urlaubs. „Sind Erlebnisangebote vorhanden, bilden sie jenen Mehrwert, den sich der Tourist von seinem Urlaub erhofft. Fehlen sie, ist der Tourist zwar nicht verärgert, allerdings vermisst er jenes außergewöhnliche Element, das den Unterschied zu durchschnittlichen Angeboten ausmacht" (Wachter 2001, S. 111).

Nach Wachter (2001, S. 111) besteht vor allem bei traditionellen touristischen Destinationen ein Mangel an Erlebnisangeboten, der zu beseitigen ist. Erlebnisangebote können einer Destination zu einem Wettbewerbsvorteil verhelfen und schaffen ein Alleinstellungsmerkmal, sofern sie authentisch sind, d.h. auf den Ressourcen der Destination basieren. Der Autor warnt jedoch vor Imitation von Erlebnis-Angeboten, da einerseits Erlebnisse nicht gewährleistet werden können, andererseits mit Verlust von Authentizität und Charakter gerechnet werden muss. Inwiefern das touristische Angebot erlebnisrational erweitert werden kann, beschreibt folgender Abschnitt.

3.2.2.1 Erlebbare Attraktionen als Fundament des Erlebnisangebots

Der Erlebnishunger der Konsumenten muss durch anziehende, interessante und erlebbare Attraktionen[11] gesättigt werden. Attraktionen stellen ein primäres Anziehungsmerkmal für Touristen dar. „Attraktionen sind der eigentliche Motor für die touristische Reiseentscheidung. Ihre Attraktivität entscheidet sehr häufig über Erfolg und Misserfolg einer touristischen Destination" (Wachter 2001, S. 49). Sie bilden außerdem das Fundament, das für die Entstehung einer touristischen Destination ausschlaggebend ist (vgl. Wachter 2001, S. 22 ff).

Nach Wachter (2001) durchlaufen touristische Attraktionen, wie herkömmliche Produkte, einen Lebenszyklus, der aus mehreren Phasen besteht. Einer Markteinführungsphase folgt eine Wachstumsphase, die zu einer Stagnationsphase führt. Angesichts des veränderten Nachfrageverhaltens der Konsumenten verkürzt sich der Lebenszyklus von Attraktionen sogar. Mindert sich der Reiz einer Attraktion, kann es zu rückläufigen Gästezahlen kommen.

Um auf dem Markt bestehen zu können, müssen sich Destinationen dem Attraktionsmanagement widmen. „...Attraktionen [müssen regelmäßig] weiter entwickelt werden..., um deren Anziehungskraft längerfristig zu bewahren und strategisch zu nützen" (Wachter 2001, S. 27). Zu einem erneuten Wachstum, einer Stagnationsphase folgend, kann die Erlebnisorientierung des touristischen Angebotes verhelfen. Angebote können erlebnisrational erweitert, oder durch neue Erlebnisangebote bereichert werden. Es muss eine unwiderstehliche Kaufsituation geschaffen werden, die über den üblichen Konsum hinaus die innenorientierten und mit Emotionen aufgeladenen Wünsche der Konsumenten anspricht. Dies geschieht mittels einer Inszenierung. Es werden bei den Konsumenten Bedürfnisse angesprochen, die nach Befriedigung verlangen. Ziel dieser Strategie ist die Gewinnung neuer Gästeschichten sowie eine Imageprofilierung (vgl. Wachter 2001).

---

[11] Für ein besseres Verständnis werden touristische Attraktionen in Kategorien eingeteilt (vgl. Wachter 2001, S. 30):
- Natürliche Attraktionen: z.B. Strände, Flüsse, Seen, Wälder, Flora, Fauna.
- Vom Menschen errichtete Stätten und Gebäude, die ursprünglich nicht als Attraktionen errichtet wurden: z.B. Kathedralen, Klöster, Schlösser, Stätten der Alltagskultur, Industriegebäude.
- Vom Menschen, bewusst als Attraktion errichtete Stätten und Gebäude: z.B. Vergnügungsparks, Museen, Tiergärten, Urban Entertainment Center, Sport- Funparks. Special Events: Sportveranstaltungen, Festivals, Festspiele, Märkte, Umzüge, historische Gedenkfeiern.

Auch Steinecke (1997, S. 13 ff) ist der Meinung, dass touristische Attraktionen bzw. Produkte durch Einmaligkeit und Emotionalität eine solch starke Anziehungskraft besitzen müssen, dass Konsumenten sie begehren. Im Rahmen des *Begehrenskonsums* sieht der Autor ebenfalls die Inszenierung als Strategie für die Gestaltung touristischer Attraktionen und Produkte. Im folgenden Abschnitt werden Methoden und Strategien der Gestaltung von Erlebnisangeboten vorgestellt.

3.2.2.2 Inszenierung als Strategie für die Gestaltung touristischer Angebote

Die Inszenierung ist für viele Autoren (Steinecke 1997, 2000; Morasch 1998; Romeiß-Stracke 1998; Wachter 2001; Wenzel/Franck 1998; Opaschowski 2002a) das Schlüsselwort für die Gestaltung des touristischen Erlebnisangebots. „...Erlebnisse entstehen vor allem durch Inszenierung..." (Wachter 2001, S. 111). Die Inszenierung soll eine Traumwelt und Gefühlswelt schaffen, in der „...der Teilnehmer alles real erleben, sich hineindenken, erleiden, fühlen und genießen kann..." (Morasch 1998, S. 56).

Romeiß-Stracke (1998) sieht die Inszenierung, entgegen der Kritik sie sei etwas Künstliches, Oberflächliches und Kulissenhaftes, als ein Mittel für ein „bewusstes Gestalten" (S. 179) zeitgemäßer Freizeit- und Tourismusangebote nach den Bedürfnissen der Konsumenten. Inszenieren bedeutet, das touristische Angebot zu revitalisieren, es bewusst und zielorientiert zu gestalten, um den Gast zu verzaubern. Neben dem Ziel zu unterhalten, kann die Inszenierung auch als Methode zur Informationsvermittlung genutzt werden (vgl. Wachter 2001). Inszenierung soll authentisch, kreativ und ehrlich sein, und muss vor allem an Ressourcen der Destination anknüpfen. Das heißt, dass durch eine standortspezifische Themenwahl ein Bezug zur Destination gegeben sein muss (vgl. Wachter 2001, Romeiß-Stracke 1998).

Steinecke (1997, S. 15 f) entwickelte das „DESIRE-Modell" für das strategische Inszenieren von touristischen Angeboten und Attraktionen. Es umfasst mehrere Strategien des Erlebnismarketings. Als Bündel etikettiert sie der Autor als Grundprinzipien der Inszenierung:

- **D**esign / Ästhetik attraktiv, spektakulär gestalten, für die Wahrnehmung auf dem Markt
- **E**motionen / Erlebnisse vermitteln, um Kunden zu begeistern und Kundenbindung zu schaffen

- Sicherheit / Conveniece[12] schaffen, Produktsicherheit, pers. Sicherheit und Bequemlichkeit
- Individualität / Spontaneität, um die komplexen Kundenbedürfnisse zu befriedigen
- Resorts schaffen mit einem Angebotsmix aus vielfältigen Wahlmöglichkeiten
- Exklusivität / Privilegien vermitteln, den Wunsch nach Besonderem befriedigen

Im Folgenden werden grundlegende Methoden der Inszenierung vorgestellt, mit deren Hilfe touristische Angebote und Attraktionen erlebbar gemacht werden. Eine intensive und ausführliche Auseinandersetzung folgt in der Darstellung der Kriterien (Kap. 7).

Die *Inszenierung* von touristischen Angeboten basiert auf einem kreativen und innovativen Prozess, dem didaktische und methodische Reflexionen vorangehen. Sie impliziert die Elemente *Thematisierung, Dramatisierung* und *Mythisierung*. Der Gesamteffekt der Inszenierung ist eine Dynamisierung der Inhalte, mit dessen Hilfe touristische Attraktionen lebendig gemacht werden können (vgl. Wachter 2001, S. 171 ff).

Die *Thematisierung* ist ein wesentliches Merkmal für erlebnisorientierte Angebote. Auf diese Weise können Inhalte vermittelt werden, sie werden „erfassbar und erfahrbar" (Kagelmann 1998, S. 84). Das Thema muss allerdings emotional zugänglich, einmalig und attraktiv genug sein, um das Interesse der Gäste zu wecken. Innerhalb des Themas müssen Geschichten (Storytelling) auftauchen, die den Gast auf der Gefühlsebene ansprechen und in die Geschichte einbeziehen. Dies führt zu einer Identifizierung mit der Geschichte und einem besseren Verständnis des Themas. Es darf nicht übersehen werden, welche Atmosphäre Themen in sich bergen. Atmosphären können für intensives Erleben genutzt werden (vgl. Schober 1993b). Thematisierung muss ebenso hinsichtlich der räumlichen Gestaltung umgesetzt werden. Alles in allem muss sich der Gast in einer anderen Welt wiederfinden (vgl. Kagelmann 1998, Wachter 2001).

Geschichten lassen sich mit Hilfe der *Mythisierung* intensiver erfahrbar machen. Dabei wird die Attraktion oder die gesamte Destination mit einem Mythos verbunden. Eine Geschichte oder Legende kann den Gast faszinieren und die Attraktion zu einem Mythos werden lassen. Mythen verschaffen ein Alleinstellungsmerkmal und bilden ein Image. „Eine strategische Mythisierung ist auch die Grundlage für den Ausbau einer

---

[12] „...die bequeme Möglichkeit, unterschiedliche Freizeit- und Versorgungsinteressen an einem Ort befriedigen zu können" (Steinecke 2000, S. 20).

Marke, die das Projekt wirklich unverwechselbar macht und eine längerfristige Profilie-rung und Positionierung bewirken kann" (Wachter 2001, S. 169).

Dramaturgie kann Erlebnisse steigern. Ein Spannungsbogen sowie ein thematischer roter Faden haben zum Ziel, Gäste in den Bann zu ziehen, Langeweile zu verhindern. Durch verschiedene aufeinanderfolgende Phasen, wie Ruhe und Spannung, können Emotionen gelenkt und Erlebniswerte hervorgerufen werden. Dramaturgie bezieht sich auf die zeitliche, thematische und räumliche Ebene (vgl. Wachter 2001).

Erlebnisse können auf drei Ebenen stattfinden. Auf der visuellen, der verbalen und sinnlichen Ebene, wie z.B. durch gastronomische Genüsse. Daraus lässt sich ableiten, dass Erlebnisgestaltung vielschichtig geboten werden kann. Vor diesem Hintergrund räumt Opaschowski ein, dass bei der Gestaltung von Erlebnisangeboten einem ange-nehmen Ambiente, einer entspannten Atmosphäre und einer kommunikativen Anima-tion besondere Beachtung zu schenken ist. Ein ökonomischer Nutzen dessen wäre die Verlängerung der Verweildauer der Konsumenten, eine Erhöhung der Kundenzahl und dadurch eine Steigerung des Umsatzes (vgl. Opaschowski 1995, S. 141 ff).

Zusammenfassend lässt sich sagen, dass es bei der Gestaltung des touristischen Er-lebnisangebots darauf ankommt, dass ein thematischer Bezug zum Standort gegeben ist. Nur wenn diese Vorraussetzung erfüllt ist, sind touristische Erlebnisangebote au-thentisch erfahrbar und können zu einem Verständnis der touristischen Destination des Gastes führen. „Touristische Produkte zu kulturellen Themen wirken bei der Posi-tionierung häufig als verbindende Elemente, die innerhalb und außerhalb der Region Identität und Profil verleihen" (Wachter 2001, S. 14).

3.3 Kulturtourismus

Nachdem im vorhergegangenen Abschnitt auf den Tourismus im Allgemeinen einge-gangen wurde, wird nun speziell ein Segment thematisiert, der Kulturtourismus. Jede Destination bietet Themen und Inhalte zwecks einer erlebnisorientierten Inszenierung, die den Gast faszinieren können. Sie zählen in den meisten Fällen zu der kulturellen Identität einer Destination. Neben natürlichen Attraktivitätsfaktoren (z.B. Klima, Natur) sind künstliche Attraktivitätsfaktoren (z.B. Sehenswürdigkeiten, Veranstaltungen), sprich kulturelle Sehenswürdigkeiten einer Destination ausschlaggebend für die Entscheidung eines Reiseziels (vgl. Weber 1996).

An dieser Stelle folgt eine Begriffsbestimmung von Kultur, die als Grundlage für die weitere Darstellung dient. *„Unter Kultur ist heutzutage die Gesamtheit der geistigen, materiellen, intellektuellen und emotionalen Faktoren zu verstehen, die das Wesen einer Gesellschaft oder einer gesellschaftlichen Gruppe ausmacht. Sie umfasst neben den schönen Künsten und den Geisteswissenschaften die Lebensformen, die menschlichen Grundrechte, die Wertordnungen, die Traditionen und die Glaubensformen"* (UNESCO 1986, zit. n. Wachter 2001, S. 119).

Die Definition macht deutlich, dass Kultur sich auf alle Ebenen des menschlichen Daseins bezieht. Folglich können touristische Angebote zu kulturellen Themen sehr differenziert sein. Sie können sich sowohl auf die Hochkultur, als auch Alltagskultur, (wie kulturhistorische Stätten, Traditionen, Feste und Religion, Wirtschaft und Politik der Vergangenheit sowie Gegenwart) beziehen.

Nach Wachter (2001) stellt die Kultur einen wichtigen Wirtschaftsfaktor dar. „Kulturelle Veranstaltungen, kulturelle Denkmäler und kulturelle Eigenarten formen nach außen das Image eines Landes und wirken als wesentliche Katalysatoren für die touristische Entwicklung. Kulturbezogene touristische Angebote zählen zu den Wachstumssegmenten im internationalen Tourismus. Das touristische Interesse ist stetig im Wachsen begriffen" (S. 118).

Nahrstedt (1996) sieht den Kulturtourismus als ein Ergebnis einer Entwicklung aus dem Massentourismus. Seiner Meinung nach vollzog sich eine Entwicklung des Kulturtourismus, die eine Qualitätssteigerung impliziert, die der Autor als *kommunikativen Tourismus* bezeichnet: *„Nach der Phase der Erholungs- und Konsumreisen beginnt nunmehr eine Phase, in der der Mensch bei Reisen beginnt, sich selbst und sein Werk, seine Produkte und seine Kultur, aber auch seine Schäden an sich selbst und seiner Welt wiederzuentdecken. Sowohl Leistungen, als auch die Probleme und Perspektiven der Menschen werden Gegenstand des Tourismus und der Touristik. Damit wird Tourismus auch ein pädagogischer Gegenstand. Reisen heißt Lernen, nicht nur von Geschichte, sondern auch Lernen von Gegenwart und Zukunft. ... Kultur verstehe ich hier* *aber als Kommunikation über Sinn. Kulturtourismus führt zur Auseinandersetzung mit Sinn, wie ihn Menschen in Vergangenheit und Gegenwart entwickelt haben und künftig entwickeln könnten"* (Nahrstedt 1996, S. 11).

Mit Kulturtourismus sind nicht nur Bildungs- und Studienreisen gemeint. Kultur muss auch als ein ergänzendes und integriertes Element im Tourismus verstanden wird (vgl. Nahrstedt 1996). Dabei entscheidet jeder Tourist für sich, was als Kultur verstanden wird. Auch Dreyer (1996) lehnt eine Bestimmung von oben herab ab, und vertritt die Meinung, dass Kultur individuell empfunden wird und somit auch definiert werden soll.

3.3.1 Städtetourismus

Der Städtetourismus, als ein wesentlicher Zweig des Kulturtourismus, verzeichnet ein enormes Wachstum (vgl. Opaschowski 2002a, 1997b; Weber 1996; Dreyer 1996). Das Interesse an kulturtouristischen Angeboten zieht Gäste in Städte und Metropolen. Opaschowski (2002a, S. 257) spricht, in Anlehnung an die *Allensbacher Markt- und Werbeträger-Analyse*, von einer Verdoppelung der Städtetouristen in der Bundesrepublik von 1986 (6 %) bis 1996 (12 %). Dieser Zuwachs lässt sich auf veränderte gesellschaftliche Strukturen, wie die Zunahme der Freizeit, des Wohlstands und der Bildung zurückführen (ders. S. 258).

Damit der Städtetourismus auch zukünftig im Trend liegt und weitere Zuwachsraten verzeichnen kann, muss innerhalb des Destinationsmanagements Attraktionsmanagement (vgl. Kap. 3.2.2.1) betrieben werden. In diesem Zusammenhang weist Opaschowski auf die Empfehlung des Deutschen Fremdenverkehrspräsidiums hin, dass „der Erhaltung der touristischen Attraktivität der Städte höchste Priorität [zukommen muss]" (2002a, S. 258). Die Erhaltung bzw. Steigerung der urbanen Attraktivität lässt sich dann erreichen, wenn das klassische Angebot um Erlebnisangebote ergänzt und erweitert wird. Im Folgenden wird geklärt, welchen Einfluss Erlebnisorientierung auf Kultur hat und in Folge dessen auch auf das Segment des Kulturtourismus.

3.3.2 Erlebniswelt Kultur

Die Erlebnisrationalität der Gesellschaft hat Einflüsse auf die Betrachtungsweise von Kultur und den Kulturtourismus. Die Anschauungsweise wird von einer innenorientierten Lebensauffassung beeinflusst, die zu einem neuen Verständnis von Kultur führt.

Anstelle früherer Ehrfurcht vor Kulturdenkmälern tritt ein Bedürfnis, Geschichte ganzheitlich und in Zusammenhängen zu verstehen. Es wächst das Interesse für die Alltagswelt der Vergangenheit und Einzelschicksale. Der Mensch will seine "...eigene Existenz vor einem individuellen kulturhistorischen Hintergrund verstehen, reflektieren und sucht daher nach konkreten Möglichkeiten zur Identifikation" (Wachter 2001, S. 138).

Die Erlebnisorientierung scheint noch eine weitere Auswirkung auf das Kulturverständnis zu haben. Kultur ist nicht mehr nur der gebildeten Schicht zugänglich. Hemmungen, Barrieren und Ängste werden abgebaut und Kultur wird der breiten Bevölkerung zugänglich. Die Motivation für Kultur hat sich gewandelt: Das Interesse an Kultur leitet sich nicht mehr aus dem Wunsch nach Bildung ab. Stattdessen rücken Motive in den Vordergrund wie Unterhaltung, Geselligkeit und Erlebnis (vgl. Dreyer 1996). Kultur ist nicht mehr elitär und ernst. „Kulturlandschaft wird zum Erlebnisraum für ein breites Publikum" (Opaschowski 1995, S. 199). Kulturangebote müssen nun Ansprüche erfüllen, um attraktiv zu sein. Es soll eine besondere Atmosphäre herrschen, sie müssen über einen Unterhaltungscharakter verfügen und eine Abwechslung vom Alltag bieten (vgl. Opaschowski 1998, S. 17 ff).

Vor dem Hintergrund der Erweiterung des kulturellen Interesses weist der Kulturtourismus ein überdurchschnittliches Wachstum auf (vgl. Opaschowski 1995, S 197; Wachter 2001, S. 14). Tourismusexperten wie Dreyer (1996) und Opaschowski (2002a, 1997b) sind der Meinung, dass Kultur und Kulturangebote ein wichtiger Standortfaktor für Städte geworden sind. Eine „urbane Attraktivität" (Dreyer 1996, S. 25; Opaschowski 2002a, S. 256) hat positive Auswirkungen auf das Wohnumfeld und bringt tourismuswirtschaftliche Vorteile.

Im Rahmen einer Verbesserung von Umwelt- und Sozialverträglichkeit fügt Dreyer dem Erlebnis im Tourismus eine weitere Dimension hinzu. Der Autor sieht die Steigerung des individuellen Erlebens als Chance für die Entwicklung eines nachhaltigen touristischen Verhaltens, entgegenwirkend dem *Abhaktourismus* (1996, S. 44 f). „Durch die Kürze der Reise steigt die Gefahr, dass Sehenswürdigkeiten nur kurz angeschaut [und abgehakt], aber nicht erlebt und erfahren werden" (Dreyer 1996, S. 44). Es sei die Aufgabe der Gästeführer und Reiseleiter, mittels ihrer pädagogischen

Fähigkeiten, Gäste zum individuellen Erleben *zu führen.* Dreyer erkennt darin die Möglichkeit, zukünftig den Massentourismus (der den Abhaktourismus impliziert), samt seinem Ressourcenverbrauch, einzudämmen. Das Bewusstsein für das individuelle Erleben soll gestärkt werden, wobei Umwelt- und Sozialverträglichkeit zum Thema werden müssen. Dreyer fordert touristische Destinationen auf, dieses Thema aufzugreifen und umzusetzen (ders. S. 44 ff).

3.3.3 Erlebnisse als Medium für den kommunikativen Tourismus

Erlebnisse können als ein Medium für weiterführende Ziele verstanden werden. Sowohl die neue Anschauungsweise von Kultur, als auch Dreyers (1996) Ansatz zur individuellen Erlebnisförderung, zeigen inhaltliche Parallelen zum *kommunikativen Tourismus* nach Nahrstedt (1996) auf.

Bei beiden kommt deutlich eine zunehmende Reflexion der Kultur und des eigenen Ichs zum Ausdruck, die zu Einsichten und Verhaltensänderungen zugunsten einer Nachhaltigkeit und eines sanften Tourismus' führen kann. Der Wunsch nach ganzheitlichem Erleben und Verstehen wird hier deutlich: die Kultur einer fremden Destination erleben, ihre Geschichte und Gegenwart ganzheitlich verstehen, in sie eintauchen. Dies bildet meines Erachtens die Vorraussetzung dafür, dass Geschichte und Kultur emotional erlebt werden. Es lässt sich vermuten, dass durch den emotionalen Zugang mehr Verständnis für problematisierte Sachverhalte erzeugt werden kann als auf der Ebene der Vernunft. Zusammengenommen umfassen beide Ansätze ein *Lernen auf Reisen* im Sinne des *kommunikativen Tourismus* nach Nahrstedt.

3.4 Erlebnisorientierte Gästeführung

Aus dem gesamten vorangegangenen Teil von Kapitel 3 wird deutlich, dass das touristische Standardangebot um erlebnisorientierte Angebote ergänzt werden muss. Es sprechen viele Gründe für erlebnisorientierte Gästeführungen. Im Folgenden werden bereits thematisierte Theorien und Erkenntnisse zusammengefasst und auf die Gästeführung hin konkretisiert.

3.4.1 Zusammenfassung und Begründung erlebnisorientierter Gästeführungen

Die zunehmende Innenorientierung einschließlich der Erlebnisrationalität der Menschen aufgrund des Wertewandels wirkt sich auf alle Lebensbereiche aus. Sie ist sogar

43

besonders stark in Freizeit und Tourismus ausgeprägt. „Die Urlaubssituation ist emotional ungemein aufgeladen, sie ist befrachtet mit Erwartungen, Hoffnungen, Ängsten" (Romeiß-Stracke 1998, S. 178). In Folge dessen haben sich neue Bedürfnisse entfaltet, die das touristische Nachfrageverhalten der Konsumenten verändert haben. Gleichzeitig ist eine Marktsättigung der Tourismusbranche zu verzeichnen. Um ein erneutes Wachstum hervorzurufen und auf das veränderte Nachfrageverhalten zu reagieren, bedarf es seitens der Anbieter erlebnisorientierter Angebote.

Aus dieser Zusammenfassung lässt sich schließen, dass auch die Gästeführung, als Teil des touristischen Gesamtangebots, um den Erlebniswert bereichert werden muss. Erlebnisorientierte Gästeführungen können zum einen die innenorientierten Wünsche befriedigen, zum anderen als ein Erlebnisangebot über das Standartangebot hinaus neue Gästeschichten anlocken, das Image stärken und ggf. zu ökonomischen Gewinnen verhelfen.

„Wenn traditionelle Sehenswürdigkeiten nicht um neue Erlebniswerte bereichert werden, verlieren sie schnell an touristischer Attraktivität" (Opaschowski 2002a, S. 271). Demnach kann die erlebnisorientierte Gästeführung als Instrument des Attraktionsmanagements gesehen werden. Der Lebenszyklus von touristischen Attraktionen kann durch Erlebnisorientierung verlängert, ihre Anziehungskraft mittels Strategien, wie Inszenierung und Thematisierung, optimiert werden.

Gästeführungen bieten meiner Ansicht nach optimale Voraussetzungen, um Attraktionen um den vielzitierten Erlebniswert zu bereichern. Erlebnis-Gästeführung ist eine Art Verpackung, die touristische Sehenswürdigkeiten und Attraktionen erlebbar macht. Romeiß-Stracke umschreibt die Aufgabe von Erlebnissen im Tourismus folgendermaßen „...neue, möglichst intensive Erfahrungen mit sich selbst, mit anderen, mit gebauter und natürlicher Umwelt [zu ermöglichen]" (1998, S. 178). Dies gilt in idealer Weise auch für Erlebnis-Gästeführungen.

Darüber hinaus funktionieren Erlebnis-Gästeführungen als ein Angebot an der Spitze der Angebotspyramide (Kap 3.2.2) in zweifacher Weise. Sie sind einerseits im touristischen System selbst als Erlebnisprodukt, bzw. Dienstleistung zu verstehen, andererseits machen sie klassische Sehenswürdigkeiten zu Erlebnisattraktionen und können evtl. einen Ausweg aus einer Stagnationsphase ihres Lebenszyklus bedeuten.

Letztendlich kann angenommen werden, dass klassische Gästeführungen, die nur darauf ausgerichtet sind, nacheinander gereihte Sehenswürdigkeiten (*Abhaktourismus*) zu präsentieren, nicht mehr zeitgemäß sind. Sie können den Ansprüchen der innenorientierten Touristen nicht mehr gerecht werden. Gästeführungen, die den Teilnehmer ausschließlich auf der kognitiven Ebene ansprechen, bieten ihm keine Möglichkeit, aus seiner passiven und rezeptiven Rolle herauszukommen. Mittels Erlebnisstrategien können die Teilnehmer aktiv werden und die komplexen Zusammenhänge verstehen und erleben (vgl. Wachter, S. 138).

Es wird Kritik geäußert, Erlebnisorientierung sei oberflächlich und künstlich, Erlebniswelten nur Kulisse und Volksbelustigung (vgl. Opaschowski 2000a, S. 53). Es muss differenziert werden: Erlebnisangebote in Form von Erlebnis-Gästeführungen, die sich auf natürliche Ressourcen und kulturelle Sehenswürdigkeiten beziehen, dabei kreativ und ehrlich sind, können diese Kritik widerlegen (vgl. Wachter 2001). Es werden keine künstlichen Freizeitwelten geschaffen, vielmehr gehen Kultur, Tourismus und Erlebnisrationalität eine intelligente Verbindung, in Richtung eines nachhaltigen Tourismus, ein.

Wie bereits erwähnt (Kap. 3.3.2), ist das Interesse breiter Bevölkerungsschichten an Kultur gewachsen. Vor dem Hintergrund, dass Gästeführungen in den meisten Fällen kulturelle Themen zum Inhalt haben (vgl. Schmeer-Sturm 1993, S. 156), schien es sinnvoll, dem Kulturtourismus als Segment besondere Beachtung zu schenken.

Wie bereits dargestellt, ist Kultur in der heutigen Zeit als Erlebnisraum zu verstehen, der Unterhaltung und Abwechslung bieten muss. Daraus ergibt sich eine weitere Notwendigkeit, kulturelle Attraktionen erlebnisreich zu gestalten. Erlebnisangebote in Kombination mit kulturellen Themen weisen mehrere positive Effekte auf. Erlebnis-Gästeführungen mit einem kulturellen Schwerpunkt können einerseits einer Destination Identität und Profil verleihen, so dass auf künstliche Erlebniswelten verzichtet werden kann. Andererseits können sie mit Hilfe von Didaktik und Methodik auf die veränderte Anschauungsweise und das Verständnis von Kultur (Kap. 3.3.2) eingehen.

Erlebnis-Gästeführungen können einerseits auf diese Weise das regionale Selbstbewusstsein und die kulturelle Identität stärken, sowie andererseits regionale Zusammenarbeit und die Dienstleistungskultur fördern. Ferner können sie der Destination Profil verleihen, und so den Bekanntheitsgrad erhöhen (vgl. Wachter 2001, S. 118).

Vorrausgesetzt, dass die methodische und didaktische Planung ein ganzheitliches Verständnis fördert, Reflexion des Ichs zulässt, sowie ein Bewusstsein für übergeordnete Themen, wie z.b. Umwelt- und Sozialverträglichkeit impliziert, besitzen Erlebnis-Gästeführungen das Potenzial zur Förderung von Nachhaltigkeit. Folglich kann die Erlebnis-Gästeführung, meinem Verständnis nach, in den Kontext des *kommunikativen Tourismus* nach Nahrstedt eingebettet werden.

4. Die psychologische Dimension des Erlebnisses

Erlebnisse sind psychologische Gebilde, die sich in den Köpfen der Menschen abspielen. Um erfolgreich Erlebnis-Gästeführungen zu gestalten, bedarf es einer Betrachtung und Untersuchung des Erlebnisbegriffs aus psychologischer Sicht.

Wenn erlebnishervorrufende Situationen innerhalb von Gästeführungen gestaltet werden sollen, ist ein Wissen um die Entstehung von Erlebnissen nötig. Ferner sind Erkenntnisse darüber erforderlich, wie der Mensch mit Erlebnissen bewusst und unbewusst umgeht. Innerhalb der psychischen Abläufe und Prozesse des Erlebens muss eine Stelle gefunden werden, wo das erlebnisorientierte Planen und Gestalten der Gästeführung zugunsten einer bewussten Lenkung von außen ansetzen kann. Im folgenden Kapitel werden psychologische Grundlagen angeführt, die die unklare Gestalt des Erlebnisses verdeutlichen und für die Gestaltung von Erlebnis-Gästeführungen von Nutzen sind.

4.1 Psychologische Grundlagen des Erlebnisses

Die Klärung des Begriffs Erlebnis kann nur unter Einbeziehung des Begriffs Emotion geschehen. „Das Erlebnis lässt sich als eine durch gesteigerte Emotionalität geprägte Erfahrung definieren. … Die Emotionalität kann sich dabei in ‚positiven' wie ‚negativen' Gefühlen, z.B. als Freude oder Liebe, Trauer oder Zorn, zum Ausdruck bringen" (Nahrstedt et al. 2002, S. 88). Das Erleben von Gefühlen wirkt sich in den meisten Fällen auf die kognitive und aktionale Ebene des Individuums aus. Das bedeutet, dass die Emotion, die erlebt wird, das Denken und Handeln umfasst (vgl. Nahrstedt et al. 2002, S. 88). Folglich bekommt das Erlebnis, aufgrund seines emotionalen Charakters, eine äußere Form. Das Umfeld kann anhand von verbalen Äußerungen und Handlungen erkennen, dass das Individuum eine Situation emotional erlebt. Abbildung 1 veranschaulicht die Struktur des Erlebnisses.

Was ist ein Erlebnis?

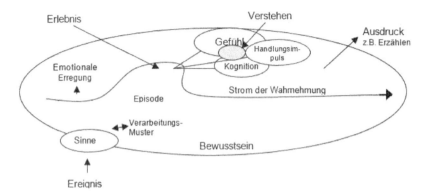

Abb. 1: *Was ist ein Erlebnis?* (gemäß Nahrstedt et al. 2002, S.89)

Zur Erläuterung der Abbildung 1 folgt ein Zitat: *„Erlebnisse sind herausragende Episoden im Strom der bewussten Wahrnehmung eigener Empfindungen und Gefühlszustände. Sinneseindrücke und ihre Verarbeitung (z.b. von einer Fahrt auf einer Achterbahn) stimulieren und formen das Erlebnis. Zentral ist die emotionale Erregung (z.b. Freude, Angst, Zorn, Trauer). Zum Erlebnis wird ein Ereignis aber nicht zuletzt durch verstehendes Nachdenken über das Erleben und einen Ausdruck des Erlebnisses, z.B. in Form von Erzählungen"* (Nahrstedt et al. 2002, S. 88).

Die Autoren führen in diesem Zusammenhang an, dass Erlebnisse einen starken Bezug zu menschlichen Grundbedürfnissen aufweisen. Dabei steht das menschliche Verlangen im Zentrum, „…Gemein-schaft, Begegnung und Geselligkeit, körperliche, ästhetische und vielleicht auch religiöse Erfahrung" (dies. S. 89) zu erleben. Vor diesem Hintergrund lässt sich schlussfolgern, dass mit Erlebnissen emotionale Grundbedürfnisse befriedigt werden können. Beispielsweise können Erlebnisse, die in einer Gruppe gemacht wurden, per Kommunikation an das Umfeld weiter getragen werden. Dies verstärkt die Nähe zu anderen Individuen: Außenseitern könnte sich durch gemeinschaftliche Emotionen ein Weg in die Gruppe ebnen. Erlebnisse können folglich eine Plattform für Verständigung und Kommunikation bieten. Im Anschluss folgt eine Betrachtung des Erlebnisprozesses, aufgegliedert in seine einzelnen Phasen. Dabei wird das Erlebnis stärker in den touristischen Kontext gestellt.

4.1.1 Der Prozess des Erlebens

Nach Schober (1993a, S. 137 f) wird das Erleben in der Urlaubspsychologie nicht als Zustand, sondern als Prozess betrachtet, der aus acht Phasen besteht. Der Prozess des Erlebens wird als Befriedigung eines Bedürfnisses verstanden und folgt demnach dem Reiz-Reaktions-Schema[13].

1. Beim Individuum entsteht eine Bedürfnisspannung bzw. Motivationslage durch nicht oder ungenügend befriedigte Wünsche. Es herrscht ein Ungleichgewicht.

2. Es folgt eine Suche des Individuums nach einem passenden Ziel, das Bedürfnis zu befriedigen.

3. Es entsteht Vorfreude und emotionalen Aktivierung durch das Wahrnehmen des Ziels und der damit verbundenen Erlebnismöglichkeiten.

4. Nachdem Schwierigkeiten und Probleme überwunden sind, wird das Ziel erreicht und der Zustand des Erlebens entfaltet sich.

5. Das Erreichen des Zieles löst eine Intensivierung des Erlebens, ein lustvolles Empfinden aus.

6. Es folgt in der Regel die volle Entfaltung des Gefühls des Erlebens über eine Zeitspanne hinweg.

7. Absinken der Erlebnisintensität und Eintritt einer (psychophysischen) Sättigung.

8. Der Organismus kehrt in den früheren Gleichgewichtszustand zurück.

Nach dem Wiedereintritt des Gleichgewichtszustand und der Sättigung ist das Erleben nicht abgeschlossen, denn im Unterbewusstsein ist eine Erinnerung entstanden, die anhand von Bildern abrufbar ist (vgl. Schober 1993a, S. 137).

Daraus lässt sich schließen, dass Erlebnis-Gästeführungen einen Reiz darstellen müssen, der im Individuum Bedürfnisse weckt. Je höher der Reiz auf der Bedürfnispyramide nach Maslow (vgl. dazu Bedürfnispyramide nach Maslow in Schmeer-Sturm 1996, S. 91) anzusiedeln ist, desto stärker wird das Erlebnis empfunden (vgl. Wachter 2001, S. 82). Bei der Verarbeitung der Eindrücke sollten Erlebnismanager darauf achten, welche Faktoren ihrer Zielgruppe einen positiven Interpretationsprozess zugunsten der Erlebnis-Gästeführung einleiten können. Demnach sollten Erlebnis-Gästeführungen die Wahrnehmung lenken, durch Inszenierung und Thematisierung einen Reiz

---

[13] Zugunsten eines besseren Verständnisses werden an dieser Stelle die Hauptelemente des Schemas näher bestimmt: Jedem Bedürfnis liegen *Eindrücke* zugrunde, die vom Individuum unbewusst wahrgenommen werden. Erst durch *Verarbeitung* werden sie bewusst. Dabei erfolgt eine *Interpretation* der äußeren Reize anhand psychosozialer Faktoren, wie Bildung, Erziehung und sozialer Position. Die *Wahrnehmung*, der endogenen Eindrücke, als ein erstrebenswertes Erlebnis, löst eine *Handlung* des Individuums aus. Dem folgt eine Reflexion, ob die ausgeführte Handlung das gewünschte Ziel erreichen konnte (vgl. Wachter 2001, S. 82 f).

aussenden. Touristen sollten das Bedürfnis nach einem Erleben verspüren, das bei der Teilnahme an der Gästeführung befriedigt werden kann (vgl. Wachter, S. 82 ff). Nunmehr stellt sich die Frage, inwiefern das Individuum Einfluss auf die Entstehung von Erlebnissen nimmt.

4.1.2 Reflexion

Im Zusammenhang der *Erlebnisrationalität* (Kap. 3.1.1), sich Situationen so einzurichten, dass sie dem Individuum gefallen, weist Schulze (1992, 42 ff) dem Menschen eine aktive Rolle bei dem Entstehen von Erlebnissen zu. Seiner Meinung nach werden „Erlebnisse ... nicht vom Subjekt empfangen, sondern von ihm gemacht. Was von außen kommt, wird erst durch Verarbeitung zum Erlebnis" (S. 44).

Dabei wird ein Ereignis aus der Umwelt (z.B. ein Geräusch) in den subjektiven Kontext integriert (Subjektbestimmtheit). Wie ein Ereignis eingeordnet wird, kommt auf die Situation an, in der sich ein Individuum befindet (z.B. nächtliche Kellergeräusche). Mit Hilfe von Reflexion, in Form von „...Erinnern, Erzählen, Interpretieren, Bewerten gewinnen Ursprungserlebnisse festere Formen" (Schulze 1992, S. 45). Reflexion kann auch ein Mittel der Aneignung sein, wenn Erlebnisse langsam ins Vergessen geraten. Innerhalb von Gruppen kann die Aneignung von Erlebnissen leichter fallen, da durch Kommunikation verschiedene Reflexionsvorgänge zusammenkommen (ders. S. 42 ff). (Als Beispiel nennt der Autor einen Kinobesuch einer Gruppe, wobei im Anschluss daran ein Gespräch über den Film kein bloßer Meinungsaustausch ist, sondern ein Reflexionsvorgang zwecks Aneignung von Erlebnissen.)

Demzufolge besitzt das Individuum in diesem Punkt einen gewissen Radius an Selbstbestimmtheit. Es besitzt Einfluss auf die Gestaltung eigener Erlebnisse. Vor diesem Hintergrund bietet sich ein methodisches Einwirken an. Abgeleitet für Erlebnis-Gästeführungen bedeutet das, dass Reflexion als ein methodisches Instrument genutzt werden kann. Besucht beispielsweise eine Gruppe die Niagarafälle, so steht sie zunächst (nur) vor einem Naturereignis, einem Ursprungserlebnis. Durch Reflexionsvorgänge der Individuen und der Gruppe, die (wahrscheinlich) Emotionen hervorrufen, verstärkt durch Informationen seitens des Gästeführers, z.B. Angaben zu den Wassermassen, wird aus dem Ursprungserlebnis ein Reflexionserlebnis.

Es folgt eine Beschreibung von subjektiven Motivationslagen des Erlebens. Welche emotionale Verfassung bildet eine günstige Ausgangslage für Erlebnisse?

4.1.3 Emotionale Aspekte des Erlebens

In diesem Zusammenhang muss vorab darauf aufmerksam gemacht werden, dass Erlebnis-Gästeführungen die Teilnehmer in das Geschehen involvieren müssen (vgl. Schlosser 1993, Kap. 2.5). Eine passiv-rezeptive Haltung seitens der Teilnehmer kann keine Erlebnisse hervorrufen. Der Teilnehmer muss motiviert und positiv auf kommende Eindrücke und Prozesse gestimmt sein. Vor diesem Hintergrund spielen die Motivation und die emotionale Stimmungslage der Teilnehmer eine bedeutende Rolle.

Wie bereits unter Punkt 4.1 beschrieben, tritt ein Erlebnis aus einem „...Aufeinandertreffen einer speziellen individuellen Motivationslage und einer Ziel- oder Wunschvorstellung bzw. einer Realisierung [hervor]" (Schober 1993a, S. 138). Dabei spielen die individuellen Erfahrungen und die emotionale Verfassung des Individuums eine zentrale Rolle. Erlebnisse können nur bei bestimmten Stimmungslagen entstehen. Abbildung 2 stellt Emotionen anhand der Lust-Unlust-Achse und der Erregung-Ruhe-Achse dar (Schober 1993a, S. 138).

Darstellung von Emotionen

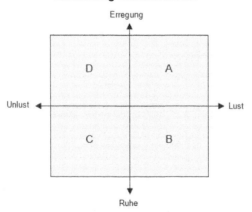

Abb. 2: *Darstellung von Emotionen auf der Lust-Unlust-Achse und der Erregung-Ruhe-Achse* (Schober 1993a, S. 138)

Es ergeben sich vier Segmente, die sich folgendermaßen charakterisieren lassen:
Segment A: Dieses Segment, zwischen Erregung und Lust, spiegelt das Vergnügen wider. Diese Stimmungslage bietet optimale Voraussetzungen für Erlebnisse. Der Teilnehmer ist hochmotiviert und kann sich aktiv an der Erlebnis-Gästeführung beteiligen (vgl. Schober 1993a, S. 138).

Segment B: Dieser emotionale Zustand umfasst die Entspannung. Viele Menschen wünschen sich ihren Urlaub in dieser Stimmungslage zu verbringen (vgl. Schober 1993a, S. 138). Befinden sich Teilnehmer emotional zwischen Lust und Ruhe, kann vermutet werden, dass es dem Gästeführer, mittels pädagogischer und psychologischer Kenntnisse gelingen kann, das explorative Erleben anzuregen und dadurch den Teilnehmer in eine Gefühlsebene, vergleichbar dem Segment A, zu versetzen. Andererseits kann eine Erlebnis-Gästeführung, soweit sie keine anspruchsvollen physischen Aktivitäten und Thrill-Aspekte enthält, auch dieses Segment samt ihren Emotionen zwischen Ruhe und Lust nutzen. Entspannung muss nicht gleich Phlegma bedeuten, die Lust ist dennoch vorhanden. Bedächtige Erlebnis-Gästeführungen mit einem Schwerpunkt auf entspannende Aspekte, wie z.B. angenehme Fahrradtouren, kreative Tätigkeiten (z.B. Malen) oder kulinarische Genüsse, spiegeln sehr gut die Stimmungslage dieses Segments wider.

Segment C: Zwischen Unlust und Ruhe liegt das Segment, das sich als Langeweile bezeichnen lässt. Langeweile findet am Urlaubsort statt, wenn nicht ausreichend Freizeitangebote vorhanden sind (vgl. Schober 1993a, S. 138 f). Touristische Erlebnisangebote mit einem psychologischen Zusatznutzen können dem urlaubserfahrenen und gesättigten Urlauber, über das Standardangebot hinaus, Anregung verschaffen, gleichzeitig Langeweile und Unlust vertreiben.

Segment D: Eine negative Stimmungslage ist zwischen Unlust und Erregung gegeben. Hierbei kann es sich um Verärgerungen durch Unzufriedenheit oder Probleme handeln, wie z.B. Verkehrslärm oder unerfüllte Erwartungen (ders.).

Es ist keine leichte Aufgabe, den Teilnehmern einer Erlebnis-Gästeführung Erlebnisse zu vermitteln, wenn sie nicht genug motiviert sind und sich nicht in der nötigen Stimmungslage befinden. Während einer Gästeführung müssen jegliche Faktoren ausgeschlossen werden, die zur Verärgerung und Unzufriedenheit (Segment D) führen können. Beispielsweise sollten qualitative Einschränkungen den Teilnehmern frühzeitig mitgeteilt und entschuldigt werden, um späteren Enttäuschungen vorzubeugen. Erlebnisprodukte, die ihren Ansprüchen nicht gerecht werden führen zu Enttäuschungen, die sich negativ auf die Destination auswirken können. Deshalb sollte der Erlebnisbegriff nicht als Aushängeschild verwendet werden, solange kein durchdachtes Konzept vorliegt.

4.2 Erlebnisbereiche im Urlaub

Die Wissenschaft (vgl. Schober 1993a) unterscheidet vier Erlebnisbereiche im Urlaub. Diese Unterscheidung kann hilfreich sein, um zu erfahren, welche Art von Erlebnissen Touristen anstreben.

1. Exploratives Erleben beschreibt „das suchende Informieren oder Erkunden, das spielerische Probieren, das Neugierigsein auf etwas Besonderes. Ein gelungener Urlaub zeichnet sich dadurch aus, dass er eine Alternative zum ‚langweiligen' Alltag mit seinen vorhersehbaren, bekannten, immer gleichen Strukturen bietet und sozusagen ‚wohldosierte' Reize schafft, ohne daß dies mit evidenten Gefahren, sichtbaren Angstreizen verbunden ist. (Beispiele: Bummeln in übersichtlich-interessanten, aber nicht gefährlichen Bazaren; Ausprobieren von exotischen Speisen in vertrauter Hotelumgebung; Safari-Ausflüge unter Anleitung eines Führers usf.)" (Schober 1993a, S. 138).

2. Soziales Erleben umfasst „die Suche nach einem nicht zu verbindlichen Kontakt mit anderen (z.B. Familien), um soziale Defizite im normalen Alltag zu kompensieren, ohne daß dies aber in starke soziale Verpflichtungen ausartet. (Der soziale Kontakt ist mit Urlaubsende auch häufig und problemlos beendet. In bestimmten Settings wird diese Idee propagiert und forciert, z.B. im Cluburlaub)" (ebd.).

3. Biotisches Erleben enthält „alle Formen sonst nicht vorhandener, auch ungewöhnlicher Körperreize: kalkulierte Gebirgswanderungen; umfassendes Bräunungserlebnis; ‚frische Luft'-Schnappen auf einem stürmischen Segeltörn; aber auch olfaktorische Erlebnisse: unbekannte, ‚reiz-volle' Gerüche u.ä.) [sic]" (ebd.).

4. Optimierendes Erleben ist „der ‚sekundäre Erlebnisgewinn', die soziale Verstärkung eines erfolgreichen, eben: erlebnisreichen Urlaubs, durch das soziale Umfeld in der gewohnten Alltagsumgebung, in die der Urlauber wieder zurückkehrt. (Bestes Beispiel: das – zumindest früher übliche – Bewundern der sichtbaren Urlaubsbräune)" (ebd.).

Nach Schober sind die Erlebnisbereiche des Urlaubs ein „notwendiger Kontrast zur hoch-differenzierten, zweckbetonten, indirekten Alltagswelt" (1981, S. 50). Touristen haben demnach, mehr oder weniger das Bedürfnis, alle oben genannten Erlebnisbereiche im Urlaub abzudecken. Angeknüpft an diesen Gedanken lässt sich folgern, dass versucht werden sollte, die Erlebnisbereiche in das Konzept von Erlebnis-Gästeführungen zu implizieren:

Der Wunsch der Urlauber nach explorativem Erleben kann bei Erlebnis-Gästeführungen besonders gut verwirklicht werden. Der Teilnehmer entdeckt staunend einen fremden Ort und kann seine Neugierde befriedigen. Innerhalb der Gästeführung widerfährt dem Teilnehmer ein gewisses Maß an Sicherheit in der fremden Umgebung. Das explorative Erleben kann sich demnach voll entfalten.

Auch das soziale Erleben findet bei Erlebnis-Gästeführungen statt. Die Kommunikation in Familien und Freundesgruppen, die im Alltag vernachlässigt wurde, kann durch eine interessante Führung angeregt werden. Es können auch Urlaubsfreundschaften unter den Teilnehmern entstehen, die zu einer Urlaubszufriedenheit beitragen können (vgl. Schober 1981, S. 49). Gespräche und gemeinsame Aktivitäten können den Gemeinschaftssinn einer Gruppe stärken.

Auch das biotische Erleben kann sich einstellen, vorrausgesetzt, die Erlebnis-Gästeführung bietet Sinneseindrücke. Sinnliches Erleben kann sehr differenziert stattfinden. Es kann eine Vielfalt an sinnlichen Erlebnismöglichkeiten geboten werden, wie z.B. das Kennenlernen von lokalen Speisen, körperliche Wahrnehmung klimatischer Bedingungen, physische Erholung. Es reicht jedoch auch, wenn die Teilnehmer zu einem Wahrnehmen der Atmosphäre angeregt werden, wie etwa des Weihrauchgeruchs und der Stille einer Kirche oder des typischen Vogelgesangs einer Region.

Hat der Gast während der Gästeführung auf erlebnisvolle Art viel über seine Urlaubs-destination erfahren, kann er zu Hause davon berichten (optimierendes Erleben). Die Erlebnisse verhelfen zu einem langfristigen Erinnern dessen, was er gelernt hat, und führen zu einer hohen Urlaubszufriedenheit. Neu gewonnenes Wissen und Erlebnisse können durch Berichte in der Alltagsumgebung zu einem optimierenden Erleben füh-ren, zumal Wissen im Kontext der sich entwickelnden Wissensgesellschaft an Bedeu-tung gewonnen hat (Kap. 5.2).

Optimierendes Erleben kann auch mittels körperlicher Aktivität und eingeschobener Programmpunkte (z.B. Badepausen) hervorgerufen werden (vgl. Schmeer-Sturm 1997, S. 131). Körperliche Aktivität kann als Steigerung des körperlichen Wohlbefin-dens verstanden werden, die im Alltag vernachlässigt wird, und deshalb für viele Men-schen zum Urlaubserleben dazugehört.

Schmeer-Sturm erweitert die Erlebnisbereiche nach Schober um das *Bildungserleb-nis*, dass beispielsweise „…durch eine exzellente Kunstführung ausgelöst werden kann" (1997, S. 131) und das *religiöse Erlebnis*, „…das sich auf Reisen bei der Wan-derung durch eine großartige Landschaft, durch ein Ruinengelände, durch den Besuch eines Gottesdienstes, durch menschliche Kontakte einstellen kann" (1997, S. 131).

Nicht immer wird es möglich sein, innerhalb einer Erlebnis-Gästeführung alle Bereiche abzudecken. Touristen möchten sich allerdings unbewusst möglichst alle Erlebnisbe-reiche erfüllen. Deshalb sollten Erlebnismanager bedenken, wie sie ihren Gästen die-sen Wunsch erfüllen können. Werden die Erwartungen in einem hohen Maße erfüllt, stellt sich eine enorme Zufriedenheit ein, da innenorientierte Wünsche erfüllt wurden. Diese Zufriedenheit wirkt sich positiv auf die gesamte Destination aus. Durch Mund-propaganda kann der Bekanntheitsgrad erhöht werden, der eine Positionierung auf dem Markt fördert (Kap. 3.2). Die Destination gewinnt dabei neue und wiederkehrende Besucher.

Nachdem die Grundlagen des Erlebnisses thematisiert wurden, ist nun der erstrebens-werteste Zustand des Erlebens, das Flow-Erlebnis, zu behandeln.

4.3 Das Flow-Erlebis

Nach Steinbach bildet das „Flow-Erlebnis' den Höhepunkt des Urlaubsgenusses"
(2003, S. 104). Unter diesem Gesichtspunkt vermutet Anft (1993, S. 144), dass die
Tourismusindustrie daran interessiert ist Flow-Erlebnisse hervorzurufen. Weiter weist
er darauf hin, dass auch Csikszentmihalyi, der Begründer des Flow-Modells, in Flow-
Erlebnissen die optimale Form der Erholung sieht. Daher wird im Folgenden die The-
orie des Flow-Erlebens dargestellt. Es soll gezeigt werden, welche Bedingungen für
Flow-Erlebnisse erforderlich sind, und unter welchem Blickwinkel dies für Erlebnis-
Gästeführungen von Nutzen sein kann.

4.3.1 Das Flow Modell

Befindet sich eine Person im Flow-Zustand, so ist damit gemeint, dass sie das Gefühl
verspürt, bei einer Tätigkeit völlig in ihrem Tun aufzugehen. Oft wird diese Empfindung
mit dem Begriff des   Fließens bezeichnet. Dabei verschmelzen Handlung und Bewusstsein miteinander. Die Person, die sich im Flow befindet, ist sich ihrer selbst nicht
bewusst, sondern konzentriert sich ganz auf ihre Aktivität (vgl. Csikszentmihalyi 2000).
Subjektiv empfunden werden Entspannung, Harmonie und eine Art „psychischer Ord-
nung" (Plöhn 1998, S. 5). Csikszentmihalyi hat dieses Phänomen erforscht und ein
theoretisches Modell des Flow-Erlebens entwickelt. Er hat herausgefunden, dass dieses Gefühl des *freudigen Tuns* bestimmte Merkmale aufweist (2000, S. 58 ff):

Wesentlich ist, dass die Tätigkeit, die während dieses Zustandes ausgeübt wird, oder
die Situation, in der sich die Person befindet, der persönlichen Leistungsfähigkeit entspricht. Ist die Person überfordert, stellt sich ein Gefühl der Angst ein, ist sie unterfordert, regiert Langeweile. Darüber hinaus ist die Aufmerksamkeit allein auf die auszu-
übende Tätigkeit gerichtet. Flow ist gekennzeichnet durch eine starke Konzentration,
frei von möglichen Störfaktoren, wie Alltagsproblemen und Sorgen.

Ein weiteres Merkmal ist die „Selbstvergessenheit" (Csikszentmihalyi 2000, S. 66).
Zwar ist sich der Handelnde des eigenen Körpers und der Körperfunktionen bewusst,
jedoch reflektiert er nicht dabei. Es stellt sich ein Gefühl ein, automatisch zu handeln.
Die Selbstvergessenheit kann sogar als ein Gefühl der Transzendenz wahrgenommen
werden, wobei sich subjektiv ein Gefühl der Grenzüberschreitung normaler Bewusst-
seinsformen einstellt.

Des weiteren empfindet eine Person im Flow-Zustand ein Gefühl der *Kontrolle* über das eigene Handeln und die Umwelt. Damit ist keine Kontrolle im eigentlichen Sinne gemeint, sondern eine Sorglosigkeit bezüglich der Handhabung von Anforderungen aus der Umwelt. Der Autor weist darauf hin, dass das Gefühl der Kontrolle außerhalb des Flow-Zustandes nicht in solch ausgeprägtem Maße existieren kann. „Es gibt [im Nicht-Flow-Zustand] zu viele unberechenbare Einflüsse. Persönliche Beziehungen, Karrierehindernisse, Gesundheitsprobleme – von Tod und Steuer nicht zu reden – entziehen sich immer zu einem Teil unserer Kontrolle" (Csikszentmihalyi 2000, S. 70).

Charakteristisch sind klare und unmissverständliche Handlungsanforderungen der ausgeübten Tätigkeit. Die Person bekommt eine eindeutige Rückmeldung auf ihre Handlung. „In der künstlich eingegrenzten Realität einer *flow*-Episode weiß man genau, was »gut« ist und was »schlecht« ist. Ziele und Mittel sind logisch geordnet. Es wird von der Person nicht erwartet, Dinge zu tun, welche miteinander unvereinbar sind, wie das im täglichen Leben oft geschieht. Man weiß, welches die Ergebnisse der verschiedenen möglichen Handlungen sein werden" (Csikszentmihalyi 2000, S. 71).

Wesentlich ist, dass Tätigkeiten, die Flow herbeiführen, keine Belohnungen von außen und von anderen Personen, wie z.b. Geld, Prestige oder Erfolg, benötigen. Die Belohnung ist das freudige Tun an sich, nicht dessen Ergebnis. Der Autor spricht in dem Zusammenhang vom „»autotelische[n]« Wesen" (2000, S. 72) der Flow-Erlebnisse. Folglich ist Flow der „...Inbegriff von intrinsischer[14] Motivation" (Plöhn 1998, S. 1).

Laut Csikszentmihalyi (2000) können prinzipiell alle Handlungen autotelische Erlebnisse hervorrufen. Gemeinsam haben sie, dass sie „...Möglichkeiten zur Handlung in einem Bereich jenseits von Langeweile und Angst bieten" (Csikszentmihalyi 2000, S. 75). Der Autor entwickelte ein Modell (s. Abbildung 3, S. 42) das veranschaulicht, unter welchen Bedingungen Flow einsetzt.

Dem Modell geht der Gedanke voraus, dass Menschen einerseits stets Möglichkeiten wahrnehmen, die zum Handeln herausfordern, andererseits sind sie sich ihrer Leistungsgrenzen und Fähigkeiten bewusst. Besteht ein starkes Ungleichgewicht

---

[14] „Die aus dem Englischen ins Deutsche übernommene Bedeutung von intrinsisch ist »innerlich«, »eigentlich«, »wahr«. Das bedeutet, dass eine Tätigkeit um ihrer selbst willen ausgeführt wird, ohne eine Belohnung von außen und anderen erhalten zu wollen" (Plöhn 1998, S. 1).

zwischen Herausforderung und Bewältigung der Situation, entfaltet sich Angst. Ist das Ungleichgewicht nicht gravierend, jedoch noch vorhanden, empfindet das Individuum Sorge. Umgekehrt stellt sich Langeweile ein, sobald die persönlichen Fähigkeiten die Handlungsmöglichkeiten der Unwelt übertreffen. Fühlt sich eine Person massiv unterfordert, verstärkt sich die Sorge und sie empfindet Angst. Flow ist nur dann möglich, wenn die Handlungsanforderungen subjektiv als angemessen zu den individuellen Fähigkeiten eingeschätzt werden.

Modell des Flow-Zustands

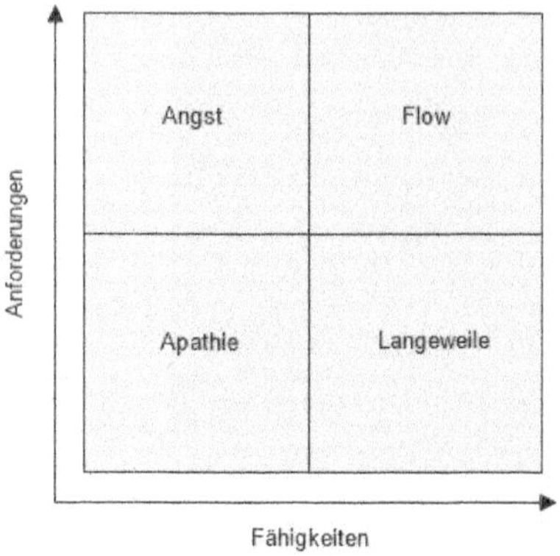

Abb. 3: *Modell des Flow-Zustands* (Csikszentmihalyi 1991, S. 286)

Im Verlauf einer Handlung steigen die individuellen Fähigkeiten (z.B. Klettern). Um auf Dauer Langeweile vorzubeugen, die die Flow-Episode beendet, muss sich im Laufe der Zeit entweder der Schwierigkeitsgrad der Handlungsanforderungen (z.B. Wahl einer schwierigeren Felswand) erhöhen oder die eigenen Fähigkeiten müssen sich verringern, indem Barrieren eingebaut werden, wie z.B. einhändiges Klettern (vgl. Csikszentmihalyi 2000).

4.3.2 Externe und interne Bedingungen für Flow

Ob Flow erlebt werden kann, hängt von externen (Umweltanforderungen) und internen Bedingungen (Persönlichkeitsmerkmalen) ab. Beide Ebenen werden im folgenden Abschnitt thematisiert.

Nach Plöhn (1998) können Situationen zugunsten von Flow arrangiert werden. Die Erkenntnisse dafür lehnen sich an die oben aufgeführte Theorie an. Es ergeben sich folgende Vorraussetzungen:

- „Situationen müssen eine klare Struktur aufweisen und eindeutige Ziele beinhalten.
- Situationen müssen kontrollierbar sein.
- Situationen müssen eine unmittelbare Rückmeldung geben.
- Situationen müssen für den Handelnden in irgendeiner Weise attraktiv sein, einen persönlichen Bezug haben, damit er handelt und sich darin vertiefen kann.
- Situationen dürfen keine Ablenkungsmöglichkeiten beinhalten, damit die Aufmerksamkeit und Konzentration erhalten bleibt und gefördert wird.
- Anforderungen dürfen die Fähigkeiten weder übersteigen noch unterfordern.
- Anforderungen müssen steigen können, damit der Handelnde keine Langeweile erlebt" (Plöhn 1998, S. 9 f).

Flow-Erleben kann sich bei allen Aktivitäten und auf jeglicher Ebene menschlichen Handelns entfalten (vgl. Plöhn 1998; Csikszentmihalyi 2000). Demnach können die o.g. Bedingungen auf unterschiedlichste Situationen bezogen werden. Zwar weist Plöhn (1998, S. 11) darauf hin, dass es keine Garantie für Flow gibt, dennoch können bestimmte Tätigkeiten und Situationen eher Flow hervorrufen als andere. Aktivitäten, wie z.B. Spiele und Kunst, betont Csikszentmihalyi, „...scheinen sozusagen ausschließlich für diesen Zweck [Flow] geschaffen" (2000, S. 75).

Ein optimaler Rahmen für flow-provozierende Tätigkeiten ist jener, der Situationen eingrenzt und einen stark herausfordernden Charakter besitzt. Die Umgebung muss anfängliche Ängste und Ablenkungen reduzieren, um den Energieeinsatz zu fördern und den Einstieg in die Tätigkeit zu erleichtern. Auch die Neugierde kann ein Reiz sein, der zum freudigen Tun motiviert. „Wenn Situationen ... intrinsisch (sic) Belohnungen in Aussicht stellen und für Handelnde einen weitreichenden Sinn geben, dann kann von einer optimalen Aufforderungsstruktur gesprochen werden. Motivierende Aufforderungsstrukturen können helfen, Vorstellungen über die eigene Überwindung zu reduzieren" (Plöhn 1998, S. 80).

Werden Situationen objektiv so gestaltet, dass sie Flow hervorrufen sollen, muss dennoch die Subjektivität bei der Einschätzung einer Situation und der eigenen Fähigkeiten in das Bewusstsein rücken (vgl. Csikszentmihalyi 2000). Wird eine Gruppe mit einer Situation konfrontiert, reagieren nicht alle gleich. Die Personen können sich entweder überfordert, unterfordert oder der Situation gewachsen fühlen. „Um nun bei möglichst vielen Menschen Flow zu provozieren, müssen Anforderungen für verschiedenste Fähigkeiten variabel gestaltet werden..." (Plöhn 1998, S. 11).

Ferner hängt die Fähigkeit Flow zu erleben von der eigenen Persönlichkeit ab. Manche Menschen besitzen eine schwach ausgeprägte, andere hingegen eine stark ausgeprägte autotelische Fähigkeit. Letztere führt dazu, dass Flow öfter erlebt wird. Diese Personen wenden sich aus eigener Initiative gezielt intrinsisch motivierenden Tätigkeiten zu. Sie verfügen über eine natürliche Neugier und empfinden durch oft erlebte Flow-Episoden mehr Glück und Zufriedenheit und fühlen sich weniger fremdbestimmt. Dies führt zu höherer Lebensqualität, positiver Einstellung, hoher Motivation, psychischer Ausgeglichenheit und fördert sogar die physische Gesundheit (vgl. Plöhn 1998).

4.3.3 Auswirkungen und Potenziale von Flow

Wie oben erwähnt, hat Flow viele positive Auswirkungen auf den Menschen. Verfügt eine Person jedoch über eine schwach ausgeprägte autotelische Fähigkeit, kann Flow mittels Methoden erlernt werden. Mit Hilfe erlebnispädagogischer Settings (Kap 5.1.2) können Flow-Erlebnisse provoziert werden, um so das *freudige Tun* zu verspüren und es im Alltag zu verankern. Dieser Prozess wird Transfer (Kap. 5.1.3) genannt. Dabei werden gelernte Verhaltensweisen auf ähnliche Situationen übertragen. Einerseits können erlernte Fähigkeiten und Wissen, andererseits „seelische Fähigkeiten" (Plöhn 1998, S. 27) übertragen werden wie z.B. die autotelische Fähigkeit (ders.).

Weil Flow eine intensive Erfahrung ist, die oft mit Glücksgefühlen einhergeht, hat sie Auswirkungen auf die Psyche. Plöhn (1998) konnte nachweisen, dass Schüler, die bei einem Segeltörn autotelisches Handeln erlebt haben, durch diese Erlebnisse ihr Selbst veränderten. „Es werden unbewußte autotelische Schemata gebildet, die dann automatisch im Alltag angewendet werden können" (S. 31). Je höher die Intensität eines Erlebnisses, desto deutlicher ist der Transfer des Erfahrenen. Des weiteren ist für Transfer die Einsicht des Individuums in Regeln, Werte und Kontrolle über sein Handeln von großer Bedeutung (vgl. ders.).

Flow-Erleben bedeutet das sich *Hineinleben* in eine Materie. Auch wenn die Herausforderung zunächst Überwindung (z.B. von Ängsten, eine Felswand zu erklimmen) kostet und Energie investiert werden muss, wirkt das freudige Tun innerhalb der Flow-

Episode stark motivierend. Die Handlung wird zukünftig immer öfter ausgeführt. Das Hineinleben in eine Tätigkeit wirkt wie ein Katalysator. Es können sogar weitere Interessen geweckt werden. Eine Person, die ihre autotelische Fähigkeit erlebt hat, war nicht nur passiv an etwas beteiligt, sie war ein Teil dessen. Folglich weist sie eine hohe Identifizierung auf und besitzt eine starke Bindung zu dieser Situation. Dieser Prozess kann als eine Umwandlung zunächst extrinsischer zur intrinsischer Motivation beschrieben werden (vgl. Plöhn 1998).

4.3.4 Erkenntnisse für die Erlebnis-Gästeführung

Welche Bedeutung ergibt sich nun daraus für die Gestaltung erlebnisorientierter Gästeführung? Csikszentmihalyi (2000) stellte bei seiner Untersuchung des Flow-Erlebens Faktoren fest, die zum autotelischen Tun führen. Er fand heraus, dass das kreative Entdecken und Explorieren, z.b. das „Erkunden eines fremden Ortes" (S. 50) ein bedeutender Faktor sei, der zum Flow-Erlebnis führt.

Es scheint begrüßenswert zu sein, Flow-Erlebnisse bei Teilnehmern von Gästeführungen zu erzeugen. Einerseits ist Flow per se interessant, da die Teilnehmer ihr Bedürfnis nach dem besonderen Erlebnis befriedigen und mit mehr Spaß beteiligt sind, andererseits ermöglicht Flow ein intensives sich Hineinleben in die Materie. Aufgrund dessen kann sich ein stärkeres Interesse für Inhalte entwickeln, das sich wiederum positiv auf das eigene Selbst auswirkt. Während des Flow-Zustandes werden neben der kognitiven Wissensvermittlung auch Emotionen angesprochen, die weiterführende Lernziele, wie z.B. ein Verständnis für die einheimische Bevölkerung oder Umweltschutz, hervorrufen können.

Im Folgenden wird dargestellt, wie Flow-Erlebnisse bei Gästeführungen provoziert werden können. Primär muss darauf geachtet werden, dass die Gruppe inhaltlich zielgruppenorientiert angesprochen wird (vgl. Plöhn 1998, S. 50). Beispielsweise müssen an Schulklassen niedrigere Anforderungen gestellt werden als an Bildungsreisegruppen. Flow kann nur dann entstehen, wenn die Teilnehmer weder über- noch unterfordert werden. „...so müssen Personen im übertragenen Sinne dort abgeholt werden, wo sie stehen" (Plöhn 1998, S. 49). Der Gästeführer sollte an den Wissensstand der Gruppe anknüpfen. Es kann sehr lohnend sein, zunächst die Gruppe zu motivieren, indem Fähigkeiten und Wissen der Teilnehmer ins Bewusstein gerufen werden (z.B.

bei Studienreisegruppen bereits Gelerntes ansprechen, an Fähigkeiten von Berufs-
gruppen anschließen, an passende Interessen eines Vereins, sowie an den Lehrplan
von Schulklassen anknüpfen). Zielgruppenspezifisch sollte dementsprechend der Zugang zum Thema gestaltet werden.

Flow lässt sich begünstigen, wenn eine Identifikation mit dem Thema und den Inhalten
der Führung statt findet (Plöhn 1998, S. 82). Optimale Voraussetzung wäre, „...sich
intensiv mit der Sache aus einem persönlich mitbestimmten Blickwinkel zu befassen"
(Plöhn 1998, S. 52). Deshalb scheint es sinnvoll, beispielsweise an die Heimat der
Urlauber anzuschließen. Es können Parallelen und Vergleiche hergestellt werden.
Dies steigert das Interesse. Des weiteren kann die Erlebnis-Führung als etwas Besonderes und Außergewöhnliches hervorgehoben werden, so dass die Teilnehmer von
Anfang an das Gefühl der Exklusivität[15] vermittelt bekommen. Spezielle Themenfüh-
rungen und Rundfahrten (z.b. ornithologische Führungen oder Abendteuersafaris mit
dem Jeep) werden meist von einer bereits hoch motivierten Zielgruppe wahrgenommen. Identifikation mit den Inhalten ist in solchen Fällen per se anzunehmen. Besteht
eine Identifikation mit den Inhalten, können übergeordnete Ziele (z.b. Verhaltensänderungen im Sinn des *sanften Tourismus*) leichter erreicht werden.

Des weiteren weist Plöhn (1998, S. 74) darauf hin, dass Personen eher in Flow-Zustände geraten, wenn ihr Tun subjektiv Sinn macht und in einen größeren Bezug gestellt werden kann. In diesem Fall wirkt die Situation stark auffordernd und die Person
lässt sich eher auf sie ein. Dabei sollten die Anforderungen, die an die Gruppe gestellt
werden, transparent gemacht werden (vgl. Plöhn 1998, S. 50, 77). Dies kann geschehen, wenn der Gästeführer die Inhalte zu Anfang kurz darlegt und einen Zusammenhang entweder zum Leben oder den übergeordneten Lernzielen der Gäste herstellt.
Nach Plöhn können auf diese Weise Perspektiven des Umgangs mit dem Gelernten
aufgezeigt werden.

Wie bereits geschildert, sind die Aufforderungsstrukturen einer Situation und Tätigkeit,
die zu Flow führen sollen, von Bedeutung. Die Situationen sollten so gestaltet sein,
dass sie den Teilnehmer einer Gästeführung reizen, sich auf etwas Neues einzulassen, „... den Willen zum Handeln verstärken, Neugierde fördern, daß sie Unvorstell-

---

[15] Vgl. dazu Steinecke 1997, Kap. 3.2.1, sowie Desire-Modell Kap. 3.2.2.2.

bares vorstellbar machen und daß die Überwindung zum Handeln geringer wird..." (Plöhn 1998, S. 73). Generell kann dies realisiert werden, wenn die Gäste auf der emotionalen Ebene angesprochen werden. Dies kann geschehen, indem standortspezifische Geschichten und Sehenswürdigkeiten inszeniert werden, die Methoden der Mythisierung und Dramatisierung Anwendung finden (Kap. 3.2.2.2). Ebenso sollte der Gästeführer als „intrinsisch motiviertes Vorbild" (Plöhn 1998, S. 66) dienen, er sollte selbst Spaß an der Führung haben und die Teilnehmer mitreißen können.

Es ist utopisch anzunehmen, dass Teilnehmer eine Gästeführung als ein einziges Flow-Erlebnis empfinden. Vielmehr lässt sich in Anlehnung an das Flow-Modell von Csikszentmihalyi für Gästeführungen vermuten, dass Flow dort in Episoden auftritt. Vielversprechend scheint es zu sein, Aktivitäten in die Führung einzubauen, die nach Csikszentmihalyi (2000) mit hoher Wahrscheinlichkeit autotelisch wirken. Wie bereits erwähnt, sind dies spielerische und künstlerische Aktivitäten. Der Gästeführer sollte die Teilnehmer bei der Ausführung unterstützend begleiten und helfen Hemmungen abzubauen (Plöhn 1998, S. 66).

Wie bereits erwähnt, dürfen die Tätigkeiten (z.B. Beschreibung eines Gemäldes, Basteln, Motorrad fahren usw.) den Gast nicht unter- bzw. überfordern. Auch sollte die Tätigkeit in sich komplex sein, so dass jeder Teilnehmer dem etwas abgewinnen kann (vgl. Plöhn 1998, S. 75). Ferner sollte die Anforderung dem zielgruppenspezifischen Aktivierungspotenzial entsprechen (vgl. Plöhn 1998, S. 65 f). Der Gästeführer muss gruppenspezifisch eine Balance zwischen Entspannung und Aktivität abwägen und den Energieeinsatz nicht strapazieren.

Merkt der Gästeführer, dass sich die Teilnehmer im intrinsisch motivierten Handeln befinden, sollten sie dabei nicht unterbrochen werden (sogar entgegen dem Tagesablaufplan). In dem Moment werden Weichen für weiterführende Interessen gestellt, und es entwickelt sich weitere Motivation (vgl. Plöhn 1998, S. 52). Dennoch kann es sich langfristig zugunsten der Motivation lohnen, Tätigkeiten nach einer bestimmten Zeit zu Ende zu bringen, damit die Teilnehmer mit einem positiven Gefühl aus dem freudigen Tun herauskommen.

Sicherlich können Momente der Langeweile auftreten. Plöhn (1998, S. 54) weist jedoch darauf hin, dass Langeweile oft als Pause zum unbewussten Reflektieren genutzt wird. Durch Reflexion „...können sich Erlebnisse in das Selbst einbauen und autotelische Fähigkeiten festigen" (Plöhn 1998, S. 54). Pausen bieten ebenso die Möglichkeit, mit neuer Motivation wieder in eine Tätigkeit mit gestiegenen Anforderungen einzusteigen (ders. S. 55). Sie sollten als Puffer zum effektiven und wohl dosiertem Einsatz von Energie verstanden werden und sind daher sinnvoll in den Ablauf und die Dramaturgie der Führung einzubauen. Dennoch ist es für autotelisches Erleben erforderlich, Langeweile auf Dauer zu vermeiden. Deshalb ist es notwendig die Anforderungen stetig zu erhöhen. Dies darf jedoch nur in kleinen Schritten geschehen (vgl. Plöhn, S. 55 f). Während dessen sollte an bereits Gelerntes angeknüpft, sollten Informationen in einen Zusammenhang gestellt werden.

Zwar ist es kein übliches Ziel einer Gästeführung, die autotelische Fähigkeit der Teilnehmer zu fördern, doch kann dies unbewusst geschehen. Personen, die im Alltag wenig Flow erleben und keine ausgeprägte autotelische Persönlichkeit besitzen, können fruchtbare Erfahrungen machen. Angeregt von dem positiven Flow-Erlebnis kann dieses Gefühl in den Alltag oder auf die zukünftige Urlaubs-Freizeitgestaltung transferiert werden.

Plöhn (1998, S. 95 f) schlägt in diesem Zusammenhang vor, durch Reflexion die subjektiven Erlebnisse bewusst zu machen. Besonders fördernd sind die Selbstbetrachtung und das Verbalisieren von Erlebnissen. Diese Maßnahme hat zur Folge, dass unbewusst Emotion und Kognition miteinander verbunden werden. Das bedeutet, dass erlebte Emotionen kognitiv betrachtet werden und sich demzufolge im Bewusstsein verankern. Die Person bekommt einen Zugang zu ihren Fähigkeiten und kann sie auf andere Situationen übertragen. Der Gästeführer kann zusätzlich zu weiteren Erkundungen außerhalb der Führung anregen und Vorschläge zur Freizeitgestaltung geben. Anft (1993) hat Überlegungen angestellt, wie Flow konkret in Urlaub und Freizeit gefördert werden kann. Seiner Meinung nach kann im Urlaub Flow sehr gut im Entdecken von etwas Neuem realisiert werden. „Exkursionen ins Landesinnere, das Kennenlernen und die Einführung in fremde Kulturen und Lebensweisen kommen vermutlich diesem Drang zu Exploration, zur Lust am Neuartigen entgegen" (S. 145). Darüber hinaus führt der Autor an, dass Aktivitäten, Sport und Spiel Anwendung finden sollten.

Abgeleitet von Anft sollte zu Beginn der Gästeführung den Teilnehmern der grobe Zeitplan offenkundig gemacht werden. Transparenz in der Planung führt zur Orientierung und begünstigt das *freudige Tun*. Andererseits können durch gewisse Spielräume die Interessen der Teilnehmer impliziert werden, die sich ebenfalls motivierend im Sinne von Flow-Erlebnissen auswirken.

Interessant scheint Anfts Akzentuierung auf die Art der Fortbewegung. Auch dieses Element kann in der Gästeführung Anwendung finden. „Die Fortbewegung zu Fuß oder mit einem Verkehrsmittel kann Flow-Erfahrungen vermitteln" (Anft 1993, S. 145). Beispielsweise kann der Einsatz von historischen Gefährten, wie z.B. Kutschen und antiken Fahrrädern, sinnvoll in das Thema der Führung eingebaut werden und das Gefühl der Nostalgie wecken. Auch Jeep, Kanu- oder Ballonfahrten können einmalige Flow-Erlebnisse vermitteln. Doch müssen es nicht unbedingt spektakuläre Dinge sein, die begeistern. Auch ein gewöhnlicher Spaziergang, mit einer Lenkung der Wahrnehmung auf das Unbeachtete, kann große Wirkung erzielen.

4.4 Zusammenfassung

Das Kapitel 4 lässt sich mit einem Versuch des Entschlüsselns vergleichen. Ziel war es, das schwer greifbare Gebilde des Erlebnisses einzugrenzen und zu verstehen. Auch waren dessen Einzelaspekte interessant. Es sollte zu einem besseren Verständnis und zu Einsichten in den Prozess des Erlebens und die optimalen Bedingungen dazu verhelfen.

Es wurde deutlich, dass Reflexion wesentlich für die Entstehung von Erlebnissen ist und vom Individuum beeinflusst werden kann. Es konnte gezeigt werden, dass Tourismusakteure auf die Entstehung von Erlebnissen einwirken können. Dafür benötigen sie Wissen um die günstige emotionale Ausgangslage und die möglichen Erlebnisformen, wie das explorative Erleben, das optimal in der Gästeführung umgesetzt werden kann.

Stehen Erlebnisse im Zentrum des Geschehens, so muss bewusst werden, dass Emotionen im Spiel sind. Zwar ist ein durchdachtes Konzept, samt den psychologischen Aspekten obligatorisch, doch ist darüber hinaus eine gewisse Sensibilität und Menschenkenntnis seitens des Gästeführers unerlässlich. Im Kontext der Erlebnis-Gästeführung ergeben sich daraus erhöhte Anforderungen an den Gästeführer.

5. Das Erlebnis vor dem pädagogischen Hintergrund

Da die erlebnisorientierte Gästeführung eines theoretischen Hintergrunds bedarf, richtet das folgende Kapitel den Blick auf die pädagogischen Grundlagen. Die Pädagogik ist imstande, Erlebnis-Gäste-führungen in Hinsicht ihrer Lernpotenziale und -wirkungen zu beleuchten. Ferner soll untersucht werden, ob sich Anwendungsmöglichkeiten zum Zweck der Erlebnisvermittlung erschließen lassen. Im Vorfeld stellen sich beispielsweise Fragen bezüglich des Lernpotenzials erlebnisorientierter Führungen und einer Übertragung von Erkenntnissen aus der Erfahrung der Erlebnispädagogik.

Es folgt zunächst eine Darstellung der Theorie der Erlebnispädagogik. Darauf aufbauend wird erlebnisorientiertes Lernen thematisiert und auf seine Übertragung auf Gästeführungen hin untersucht. Schließlich folgt eine Auseinandersetzung mit der Theorie der Animation, die ergänzt wird durch die Darstellung von erlebnisorientierten Modellen und konkreten Beispielen von Erlebnis-Gästeführungen.

5.1 Die Erlebnispädagogik

Eine eindeutige Definition von Erlebnispädagogik scheint es nicht zu geben. Hinter dem Begriff stehen diverse Theorien und unterschiedliche Praxisansätze. Es kann jedoch festgehalten werden, dass Erlebnispädagogik eine wissenschaftliche Teildisziplin der Erziehungswissenschaft ist (vgl. Klawe & Bräuer 1998; Witte 2002). Im Folgenden findet eine historische Annäherung an den Begriff statt, die in eine Begriffseingrenzung mündet.

Außer in den Ideen von Platon[16], Rousseau[17] und Pestalozzi[18] werden die Wurzeln der Erlebnispädagogik in der Erlebnistherapie nach Kurt Hahn (1886-1974) gesehen. Alle Ideen haben einen gemeinsamen Kerngedanken: „Lernen durch Erleben und Erfahrung" (Witte 2002, S. 25), bzw. das „learning by doing" (Hufenus 1993, S. 85 f).

---

[16] Platon (427-347 v. Chr.) glaubte an eine ganzheitliche Erziehung von Körper, Geist und Seele durch Gymnastik, Musik und Malerei. Seiner Meinung nach würden auf diese Weise die Bedürfnisse des Menschen und des Staates gleichermaßen befriedigt werden (vgl. Witte 2002, S. 23).

[17] Jean-Jacques Rousseau (1712-1778) war gegen die strengen Erziehungsmaßnahmen seiner Zeit. Stattdessen forderte er, Kinder so sein zu lassen, wie sie von Natur aus sind. Sein Ideal der Erziehung war eine Erziehung in der Natur, das Erleben der Sinne und der Erwerb der Selbstständigkeit (vgl. Witte 2002, S. 23 f).

[18] Johann Heinrich Pestalozzi (1746-1827) plädierte für eine Erziehung mit *Kopf, Herz und Hand*. Ihm zufolge macht Erziehung nur Sinn, wenn Kinder und Jugendliche authentische Erfahrungen machen, bei denen sie die Bedeutung des Gelehrten in sich selbst verspürten (Witte 2002, S. 24).

Im Gegensatz zu den Erziehungsmethoden der Industrialisierungsepoche, bei denen Individuen auf Arbeitskräfte reduziert wurden, stand die Reformpädagogik. Sie äußerte sich durch verschiedene Strömungen, wie die Kunsterziehungsbewegung, Arbeitsschulbewegung, Jugendbewegung und die Landerziehungsheimbewegung. Kurt Hahn vereinigte die wichtigen Kernelemente der reformpädagogischen Bewegung zur Idee der *Erlebnistherapie* (vgl. Witte 2002; Hufenus 1993). Hahn kritisierte das damalige Schulsystem und das gesellschaftliche Zusammenleben. Seine Kritik richtete sich gegen den „Mangel an menschlicher Anteilnahme, Mangel an Sorgsamkeit, Verkümmerung der Initiative und dem Verfall der körperlichen Tauglichkeit" (Witte 2002, S. 31). Mit der *Erlebnistherapie* steuerte Hahn einem gesellschaftlichen Verfall entgegen.

Die Elemente der Erlebnistherapie bildeten das *körperliche Training* (physische Anforderungen) und das *Projekt* (kognitive Anforderungen), das zur Entwicklung der Selbstständigkeit diente. Besonders wichtig war Hahn „das Lernen von Verantwortung im Dienste des Nächsten" (Witte 2002, S. 32). Durch den Einsatz bei Rettungsdiensten sollten Jugendliche lernen, auf das Wohl und Leben anderer Menschen zu achten. Die Elemente versuchte Hahn durch arrangierte Situationen in der Natur zu verwirklichen. Er glaubte, dass die gemachten Erlebnisse eine Grundlage für das spätere Leben der Heranwachsenden bilden, aus denen sie weiterhin schöpfen können. Kurt Hahn gründete Outward-Bound Schulen in Europa und in den USA, die bis heute nach dem Prinzip der Erlebnistherapie wirken (Witte 2002, Hufenus 1993).

Gegenwärtig erscheint die Erlebnispädagogik aufgrund von diversen Konzepten und Erziehungsfeldern uneinheitlich und vieldeutig. Die Erlebnispädagogik bewegt sich auf vielen Feldern: angefangen von sozialen Förderungsmaßnahmen im betrieblichen und schulischen Bildungswesen über Training für Führungskräfte, Aktivitäten in Schullandheimen oder Freizeitmaßnahmen für Behinderte bis hin zu Jugendhilfen für delinquente Heranwachsende. Dabei kann die Erlebnispädagogik affektive, kognitive, verhaltensbezogene und therapeutische Ziele verfolgen (vgl. Witte 2002, S. 42 f).

Allen Konzepten liegt jedoch zugrunde, dass sie „...Personen und Gruppen zum Handeln bringt[,] mit allen Implikationen und Konsequenzen bei möglichst hoher Echtheit von Aufgabe und Situation in einem Umfeld, das experimentierendes Handeln erlaubt, sicher ist und den notwendigen Ernstcharakter besitzt" (Hufenus 1993, S. 86). Es wird ein hoher Lerneffekt erzielt, der sich zurückzuführen lässt auf eindeutiges und sofortiges Feedback über das Tun bzw. Unterlassen der Teilnehmer, und vor allem auf die „Ganzheitlichkeit des Lernens, das Körper, Seele und Geist miteinbezieht" (ebd.). Der unerschütterbare Glaube an die Wirkung der Erlebnispädagogik beruht auf dem Gedanken, dass Erlebnisse, die unmittelbar und emotional erfahren werden, das Subjekt durchdringen und Auswirkungen auf das Selbst haben (vgl. Witte 2002, S. 46).

5.1.1 Ziele der Erlebnispädagogik

Prinzipiell richtet sich die Zielsetzung der Erlebnispädagogik einerseits auf das „...Feststellen von Situationen, Strukturen und Problemen, und andererseits [auf das] Verändern von Situationen, Strukturen und problemerzeugenden Bedingungen" (Hufenus 1993, S. 87). Die Konzepte beziehen sich nicht nur auf die Gruppe als Einheit, sondern können auch personenorientiert wirken (vgl. Hufenus 1993).

Nach Hufenus (1993) ist das entscheidende Ziel einer persönlichkeitsorientierten Veränderung eine Optimierung der Entscheidungs- und Handlungskompetenz. Im Zentrum des Projektes steht, die Teilnehmer dazu zu bewegen, Eigenverantwortung und Verantwortung für die Gruppe zu übernehmen. Nicht das Erleben der Situation an sich ist das Ziel, sondern das Erlernen von Schlüsselqualifikationen. Abhängig von den Zielen, die erreicht werden sollen, wird das Projekt genauestens auf die Gruppe zugeschnitten, werden Übungen und Mittel herangezogen. Ferner kann die Erlebnispädagogik folgende Lernziele verfolgen: Selbstständigkeit und Entscheidungsfähigkeit erlangen, eigene Schwierigkeiten erkennen, Kommunikationsfähigkeit fördern, Gefühle wahrnehmen und mit ihnen umgehen lernen, Leistungsgrenzen überschreiten bzw. wahrnehmen, ganzheitliche Wahrnehmung fördern, eigenes Rollenverhalten feststellen, Teamfähigkeit entwickeln, Problembewältigung, Kreativität entwickeln, ökologische Zusammenhänge erkennen, usw. (vgl. Hufenus 1993, S. 88).

5.1.2 Das erlebnispädagogische Setting

Das erlebnispädagogische Setting fordert die Teilnehmer zum Handeln auf. Aufgrund von klarer und einfacher Struktur und der „unmittelbaren Erlebbarkeit" (Hufenus 1993, S. 87) werden Probleme und Situationen erkennbar. Die Teilnehmer können sich der Situation nicht entziehen und Handeln in irgendeiner Weise. Der Gruppe wird dabei eine besondere Rolle zugeschrieben. Mittels gruppendynamischer Prozesse geben sich die Teilnehmer zwangsläufig gegenseitig Feedback über ihr Verhalten. Die

Gruppe ist für einen hohen Lernerfolg verantwortlich, und führt so zu „...Wachstum und Entwicklung des Individuums..." (Hufenus 1993, S. 90).

Oft handelt es sich um Settings, die in der Natur stattfinden (z.b. Segeln, Campieren im Wald). Die Teilnehmer müssen sich Herausforderungen und einem gewissen Risiko stellen. Das kann zur Folge haben, dass die Teilnehmer an ihre Grenzen geraten. Um die Herausforderungen zu meistern sind ganzheitliches Wahrnehmen gefragt, Initiative und Kreativität zur Problemlösung (vgl. Hufenus 1993).

Um eine Wirkung zu erzielen, muss ein durchdachtes erlebnispädagogisches Setting folgende Elemente enthalten (vgl. Witte 2002, S. 48 ff): Zunächst muss die Gruppe vor eine *unfertige Situation* gestellt werden, die das Handeln der Teilnehmer provoziert. Kreativität, eigene Lösungsvorschläge und Entscheidungsfähigkeit werden dabei gefördert. Die *Ernsthaftigkeit und Unausweichlichkeit* der Situation hat den Zweck, dass sich die Personen der Situation nicht entziehen können. Die Ernsthaftigkeit und Unausweichlichkeit erklären sich daraus, dass das erlebnispädagogische Setting in der Realität stattfindet (z.B. Feuerholzsuche für das Lagerfeuer, Nahrungsbeschaffung). Ziel dieses Elements ist, Selbstverantwortung und Eigeninitiative zu übernehmen. Ein weiteres Element ist die *Körperlichkeit*. Im Hintergrund steht der Gedanke eines „Verlusts der Bedeutung von Körperlichkeit [in]...unserer Gesellschaft" (Witte 2002, S. 49). Bewegung und Herausforderung sollen ein neues Körperbewusstsein und eine positive Einstellung zum eigenen Körper vermitteln. Damit ist beispielsweise das Spüren der eigenen Belastbarkeit oder das Entfachen neuer, ungeahnter Energien gemeint. Die *Überschaubarkeit der Situation* ist eine Vorraussetzung für Motivation. Im Gegensatz zur Realität sind die Situationen klar strukturiert, überschaubar und unmissverständlich. Folglich werden Konsequenzen des eigenen Handelns schnell sichtbar. Letztendlich ist die *Unmittelbarkeit des Erlebens* von großer Bedeutung. Physisch und psychisch erleben die Teilnehmer sich, die Natur/Umgebung und andere Gruppenmitglieder. Emotionen, Konflikte, Erfolge führen zu authentischen Erlebnissen. „Ziel ist es, die gesamte Vielfalt der Sinne anzusprechen und über sie unmittelbares Lernen und lebendiges Erleben anzuregen" (Witte 2002, S. 49).

Die Gestaltung des erlebnispädagogischen Settings sollte dem Grundsatz des ganz-heitlichen Lernens entsprechen: Lernen durch Kopf, Herz und Hand. Ersteres umfasst kognitive Informationsverarbeitung, Ansammlung von Wissen und das Erkennen von Zusammenhängen. Das Herz steht für das Wahrnehmen und Ausdrücken der eigenen Emotionen (z.B. Ängste zulassen, Dank aussprechen usw.). Die Hand symbolisiert das Lernen, das aus dem eigenen Handeln resultiert. Es bedeutet den Gewinn von Er-kenntnissen und praktischen Fähigkeiten für das eigene Leben.

5.1.3 Transfer und Reflexion

Erlebnispädagogik macht nur Sinn, wenn die im Setting gemachten Erlebnisse einen Lernerfolg erzielen und in den Alltag transferiert werden. Transfer wird wie folgt defi-niert: „Als Transfer wird das Fortschreiten des Lernenden vom Konkreten zum Abs-trakten verstanden, indem er [der Teilnehmer] neue Verhaltensweisen in der konkreten (Kurs-)Situation entdeckt, diese Lernerfahrungen generalisiert und auf andere (Alltags-) Situationen überträgt" (Reiners 1995, S. 59, zit. n. Witte 2002, S. 79 f).

Es wird zwischen drei Transfermodellen unterschieden. Der *spezifische Transfer* um-schreibt eine Übertragung von spezifischen Fähigkeiten und Kenntnissen von einem Feld auf ein anderes, ähnliches Feld. Gelernte Verhaltensweisen werden bei einer neuen Aufgabe angewendet, es besteht eine kleine Kluft. Bei dem *unspezifischen Transfer* handelt es sich um allgemeine Verhaltensweisen oder Prinzipien. Die Über-tragung findet auf unterschiedliche Situationen statt, es existiert eine große Kluft. Der *metaphorische Transfer* bedient sich der Metapher, um die Kluft, die bei der Übertra-gung des Gelernten auf andere Situationen entsteht, zu verkleinern. Dazu Hufenus: „Metaphern sind mit symbolhafter Sprache beschriebene Bilder von Situationen und Geschehnissen, die vergleichend auf andere Situationen übertragbar sind. Dadurch, dass Erlebnisse und Eindrücke aus erlebnispädagogischen Settings als Metaphern sprachlich festhaltbar sind, können sie gleichnishaft auf Alltagssituationen übertragen werden und so zum Transfer von Lernerfahrungen beitragen" (1993, S. 93). Auch die *Isomorphie* verhilft zum Transfer. Sie beschreibt in der Erlebnispädagogik ein Phäno-men, bei dem „...zwei komplexe Strukturen, die sich ähnlich sind, mittels ihrer gleichen Elemente verbunden werden können" (Hufenus 1993, S. 93).

Zugunsten des Transfers wird Reflexion verwendet. Mittels Reflexion findet eine Verarbeitung und Verankerung der im erlebnispädagogischen Setting gemachten Erlebnisse im Bewusstsein statt. Reflexion kann wie folgt definiert werden: „Reflexion macht aus dem Erlebnis das Eigentliche. Sie macht Erlebnisse transparent, holt Unterbewußes ins Bewußsein, hilft Erlebtes zu verarbeiten und einzuordnen. Hier werden Selbst- und Fremdwahrnehmung abgeglichen, Konflikte in der Gruppe angesprochen und geklärt" (Sander 2000, S. 50, zit. n. Witte 2002, S. 66).

Es wird unterschieden zwischen spontaner und bewusst kognitiver Reflexion. Im Gegensatz zur spontanen Reflexion, die sich als eine einfache Wiederholung (z.B. als Tagtraum) im Geist abspielt, äußert sich die bewusste kognitive Reflexion durch Verbalisierung des Erlebten. Es werden Konsequenzen gezogen und mögliche Veränderungen reflektiert (vgl. Witte 2002). Um Reflexionsphasen bereits im Setting zu ermöglichen, sollte darauf geachtet werden, dass Ruhephasen eingebaut werden. Gerade in den Momenten der Entspannung findet oft eine erste innere Reflexion statt (vgl. Witte 2000).

Witte (2002) macht auf drei Reflexionsmodelle nach Bacon (1987) aufmerksam. Das Modell *the mountains speak for themselves* folgt der Annahme, dass die in der Natur gemachten Erlebnisse, die Personen stark prägen, so dass die Erinnerung daran ein Leben lang bleibt. Eine bewusste, kognitive Reflexion sei nicht notwendig. Eine bewusste Reflexion hingegen schließt das Modell *Outward Bound Plus* ein. Jeder Aktivität folgt eine Reflexion, bei der die Emotionen und Erlebnisse „...aufgearbeitet und anschließend auf ihre Relevanz und Übertragbarkeit in den Alltag überprüft werden" (Witte 2002, S. 70). Dieses Modell hat den Grundsatz, dass Transfer nur statt finden kann, wenn eine kognitive Verarbeitung der Erlebnisse durchgeführt wird. Das *metaphorische Modell* stützt sich auf die bereits beschriebene Isomorphie. Das Modell setzt schon bei der Gestaltung des erlebnispädagogischen Settings an. Je größer die Strukturähnlichkeit (Isomorphie) zwischen Kurs und Alltag ist, desto optimaler die Bedingungen für Transfer. „Die isomorph erlebten Situationen werden zu Metaphern für bestimmte Alltagssituationen und können somit in den Alltag übertragen werden" (Witte 2002, S. 71). Je größer die Isomorphie ist, desto weniger notwendig ist die Reflexion.

72

Es existiert eine weitere Methode, um Teilnehmern die Situation bewusst vor Augen zu führen. Das *Einfrieren* der Situation wird dafür genutzt, um Teilnehmern einen bestimmten Moment bewusst zu machen. Das Einfrieren kann durch eine Frage ausgelöst werden und führt Reflexionsprozesse ein (vgl. Witte 2002, S. 77).

5.1.4 City-Bound

Unter der Vielzahl erlebnispädagogischer Konzepte lohnt in Bezug auf Gästeführungen eine nähere Betrachtung eines speziellen Konzeptes. *City-Bound* ist ein Konzept, das darauf zielt, die Stadt als erlebnispädagogisches Lernfeld zu nutzen. Sportliche Aktivitäten (z.B. Kanu-, Fahrradfahren), Gruppenprozesse, Teamfähigkeit, Entwicklung der Persönlichkeit, Sozialkompetenzen und Solidarität sind nur einige der möglichen Lernziele von City-Bound. Mit Programmpunkten wie Stadterkundungen, Kontaktaufnahme und Auseinandersetzung mit der Bevölkerung werden die „...Teilnehmer mit den räumlichen, politischen, sozialen, ökologischen und infrastrukturellen Spezifika der Stadt konfrontiert" (Witte 2002, S. 45).

Das Erlebnis, sich intensiv auf eine fremde Stadt einzulassen, kann anfangs durchaus Ängste, Unsicherheiten, sogar Konflikte hervorrufen. Eine Reflexionsphase am Ende soll gewonnene Erfahrungen und Erlebnisse interpretieren, bewusst machen und in einen Kontext stellen. City Bound überzeugt durch Begegnungen mit anderen Menschen und Situationen, die starke Gefühle erzeugen. Aufgrund des realitätsnahen Charakters des Konzeptes können die Lernergebnisse optimal in das Leben der Teilnehmer transferiert werden (vgl. Witte 2002; Heckmair & Michl 1998).

Wirkungskräftig an diesem Konzept ist die andersartige Herangehensweise an das Lernfeld Stadt. Kanutouren durch Kanäle, Picknicks an belebten Straßenplätzen, genaue Beobachtung und Befragung von Menschen lassen die Teilnehmer tiefe Einblicke in das Geschehen gewinnen und den Puls des Lebens spüren. Auch die Bewegung spielt eine wichtige Rolle. „Gegen den Strich gebürstet..." so beschreiben Heckmair & Michl den „...spielerisch-ironischen Umgang mit Bewegung" (1998, S. 180). Entgegen dem schnellen und motorisierten Rhythmus der Stadt sind die Teilnehmer langsam und mit eigener Muskelkraft unterwegs. Es werden Aufgaben gestellt, die die Teilnehmer auffordern, etwas zu erfahren und zu tun, was auf Verwunderung trifft und gegen die Erwartungen verstößt. „CITY BOUND stellt so das vermeintlich

Selbstverständliche des Alltags permanent in Frage und schärft damit den Blick für die sozial-räumliche Umwelt, ist in gewisser Weise eine eulenspiegelhafte Kritik an den Banalitäten und Perversitäten des urbanen Alltags" (Heckmair & Michl 1998, S. 180).

Das Konzept besteht international (z.B. Berlin, Leipzig, Amsterdam, New York usw.) und wird in der Literatur als eine zeitgemäße Entwicklung der Reformpädagogik beschrieben, da sie moderne, technische Aspekte mit dem ursprünglichem Gedanken des Ästhetischen und Natürlichen verbindet (vgl. Heckmair & Michl 1998).

5.1.5 Erkenntnisse für die Erlebnis-Gästeführung

Meines Erachtens sind insbesondere die erlebnispädagogischen Elemente der Herausforderung und der Aktivität nützlich und erfolgsversprechend für die Gestaltung und Konzipierung der erlebnisorientierten Gästeführung. Sowohl im Zusammenhang der Erlebnispädagogik, als auch im Kontext des Flow-Erlebnisses wurde das Element der Herausforderung thematisiert. Auch die Erkenntnisse aus Kapitel 3.1 lassen vermuten, dass die Gesellschaft durch ihre kollektive Suche nach Erlebnissen eine gewisse Herausforderung sucht.

Die Herausforderung und das Aktivsein bilden meines Erachtens eine Schlüsselkomponente der emotionalen Ausgangslage eines interessierten Teilnehmers einer Gästeführung. Es kann vermutet werden, dass die Lust auf Erlebnisse und der Reiz des Fremden den Urlauber dazu bringt, sich in einem gewissen Grad mit Freude auf Herausforderungen einlassen. Das sich Einlassen auf Herausforderungen entspricht dem bereits thematisierten explorativen Erleben (vgl. Kap. 4.2).

Bestandteil einer Gästeführung könnte folglich sein, die Teilnehmer, gewappnet mit einer Landkarte, auf Entdeckungstour zu schicken. Kleine Verirrungen steigern den Orientierungssinn und fordern Aktivität, Spannung kommt auf. Dieses Beispiel enthält außerdem das Element der unfertigen Situation, dass auch zu einem Element der Erlebnis-Gästeführung werden kann.

City-Bound zeigt, dass eine Betrachtung aus einer außergewöhnlichen Perspektive sehr aufschlussreich sein kann (z.B. thematisch oder räumlich). Eine touristische Destination kann so erlebnisreich und äußerst informativ präsentiert werden. Auch können kleine Aufgaben (z.B. eigenständiges Bestellen einer lokalen Speise mit einigen Vokabeln einer Fremdsprache) große Wirkung erzielen. Dabei werden Grenzen des gewöhnlichen Verhaltens überschritten, Alternativen können ausprobiert werden (vgl. Heckmair & Michl 1998, S. 179 ff). Bei dem Einbau solcher außergewöhnlichen Komponenten sind Phantasie und etwas Mut gefragt. Es kann vermutet werden, dass lange nach dem Urlaub solch besondere Erlebnisse gern im Freundeskreis erzählt werden.

Wieder wurde bestätigt, wie wichtig die Reflexion der Erlebnisse ist. Wie bereits im Kontext der psychologischen Entstehung von Erlebnissen (Kap 4.1.2) sowie der Flow-Erlebnisse geschildert, wird Reflexion zur Aneignung von Erlebnissen genutzt. Mittels Reflexion werden aus Ursprungserlebnissen Reflexionserlebnisse, die sich im Gedächtnis verankern und bleibende Erinnerung hervorrufen. Im Zusammenhang der Erlebnispädagogik wird Reflexion benutzt, um Erlebnisse zugunsten von Lernerfahrungen zu gewinnen und deren Transfer in das Alltagsleben zu leisten.

Abhängig von den Lernzielen, die eine Gästeführung verfolgt, ergibt sich eine Bedeutung für den Transfer. Vorraussetzung dafür sind ein großes Interesse seitens der Teilenehmer und eine hohe Identifikation mit dem Thema. Weiterführende Lernziele, für die Transfer eine Rolle spielen könnte, sind beispielsweise das Erlernen umweltbewusster Verhaltensweisen oder ein Verständnis für ökologische Zusammenhänge. Auch kann das Erlernen autotelischer Fähigkeiten ein weiterführendes Lernziel sein (Kap. 4.3), zugunsten einer aktiven und sinnvollen Gestaltung von Freizeitaktivitäten. Besonders bei anspruchsvollen Gästeführungen (z.B. Bildungsreisen) bekommt der Transfer eine Bedeutung und kann bei dem enormen Wissenserwerb das Erkennen von Zusammenhängen ein ganzheitliches Lernen begünstigen. In dem Fall kann Transfer zugunsten von Erkenntniszusammenhängen angewendet werde, aus dem ein Bildungserlebnis nach Schmeer-Sturm resultieren kann (Kap. 4.2).

Auch im Kontext des bereits thematisierten *kommunikativen Tourismus* nach Nahrstedt (Kap. 3.3) bekommt der Transfer eine weitere Bedeutung. Der *kommunikative Tourismus* impliziert eine Selbsterkenntnis des Touristen. Wenn fremde Kulturen aufeinander treffen, so Nahrstedt, „entdeckt der Mensch sich selbst und sein Werk, seine Produkte und seine Kultur, aber auch seine Schäden an sich selbst und seiner Welt... **Reisen heißt Lernen**, nicht nur von Geschichte, sondern auch Lernen von Gegenwart und Zukunft" (Nahrstedt 1996, S. 11). Um eine Selbsterkenntnis und ein ganzheitliches Lernen im Sinne des kommunikativen Tourismus zu ermöglichen, ist die Notwendigkeit des Transfers des Gelernten evident. Dieser Prozess kann mittels der erlebnispädagogischen Leitlinie, dem Lernen durch unmittelbares Erleben, *Lernen mit Kopf, Herz und Verstand*, in Gang gesetzt werden.

Zurück zur Reflexion. Die Erlebnispädagogik bietet Reflexionsmodelle die bei der Gästeführung Anwendung finden können. Eine bewusste kognitive Reflexion, eingeleitet vom Gästeführer, kann durch das Verbalisieren des Erlebten gemachte Erfahrungen ans Licht bringen. Dieser Prozess kann durch einfache Fragen in Gang gesetzt werden. Es sollte jedoch vermieden werden, eine therapeutische Stimmung hervorzurufen. Die Teilnehmer können aufgefordert werden, ihre Erlebnisse zu schildern und sie in einen individuellen Kontext zu stellen. Auch die Methode des Einfrierens kann erfolgsversprechend sein. Dies kann beispielsweise auch durch Fotografieren von typischen Situationen geschehen, die später gemeinsam interpretiert werden. Das Einfrieren kann ebenso als eine Methode verwendet werden, um die Wahrnehmung auf andere Reize zu verschieben. Einer selektiven Reizunterdrückung (vgl. Heckmair & Michl 1998, S. 180) kann auf diese Weise entgegengewirkt werden. Werden Dinge erkannt, die normalerweise aus dem individuellen Blick fallen, ergeben sich neue Eindrücke.

Ferner verdeutlicht die Erlebnispädagogik die Bedeutung einer Ganzheitlichkeit. Auch Erlebnis-Gästeführungen sollten dem Grundsatz folgen, die Menschen auf allen Ebenen anzusprechen, seelisch, geistig und körperlich. Neben einem körperlichen Erleben einer Gästeführung (Biotisches Erleben Kap. 4.2) spielt das emotionale Erleben die zentrale Rolle.

Letztendlich weist das Konzept City-Bound darauf hin, dass Gästeführungen politische, räumliche, soziale, ökologische und infrastrukturelle Aspekte enthalten, ein breites Spektrum der touristischen Destination abdecken und somit ein einheitliches Bild vermitteln. Die Teilnehmer bekommen so die beste Ausgangslage für ganzheitliches Kennenlernen der fremden Umgebung. Das Lernen durch Erlebnisse (informelles Lernen) thematisiert folgendes Unterkapitel eingehend.

5.2 Das erlebnisorientierte Lernen

Erlebnisorientierte Gästeführungen enthalten sowohl Unterhaltungs- als auch Bildungsaspekte. Um den Bildungsaspekt näher zu beleuchten, handelt dieses Unterkapitel, anknüpfend an die Erlebnispädagogik, vom Lernen in Erlebniswelten. Folgende Ausführungen lehnen sich an die Ergebnisse des Forschungsprojekts des Instituts für Freizeitwissenschaft und Kulturarbeit e.v. (IFKA) zum Thema „Neue Formen informeller Bildung in der Wissensgesellschaft" (Nahrstedt et al. 2002) an. Absicht dieses Unterkapitels ist nicht eine ausführliche Wiedergabe des Forschungsprojektes, sondern, Grundlagen zu bieten, die zu Erkenntnissen für die erlebnisorientierte Gästeführung führen können.

Ziel des Projektes war es, im Rahmen einer sich entwickelnden Wissensgesellschaft[19] Lernorte außerhalb des Bildungswesens hinsichtlich ihrer Lernmöglichkeiten und Lernformen zu untersuchen. Gegenstand des Projektes waren *erlebnisorientierte Lernorte*. „'Erlebnisorientierte Lernorte' bezeichnen dabei einen bestimmten Lernorte-Typ, an dem Lernen und Lernanregungen schwerpunktmäßig durch 'Erleben' geprägt werden, damit einen starken emotionalisierten Charakter erhalten" (Nahrstedt et al. 2002, S. 60). Als Grundlage für die Untersuchung des erlebnisorientierten Lernens diente der Ansatz des emotionalen Lernens, verknüpft mit dem kommunikativen und dem thematischen Lernen (vgl. dies.). Als Ausgangslage für weitere Ausführungen folgt eine Einordnung des erlebnisorientierten Lernens in die Systematik. Es stellt eine Form des *informellen Lernens* dar.

5.2.1 Erlebnisorientiertes Lernen als Form des informellen Lernens

Erlebnisorientiertes Lernen kann dem *informellen Lernen* zugeordnet werden (vgl. Nahrstedt et al. 2002). Eine Thematisierung des informellen Lernens erfolgt im Rahmen dieser Arbeit nur ansatzweise.

„Informelles Lernen bezeichnet in Abgrenzung zum formalen, planmäßig organisierten, intentionalen, gesellschaftlich anerkannten Lernen in öffentlichen Bildungseinrichtungen, alle Formen des Lernens in der Umwelt außerhalb des formalisierten Bildungssystems. ...Informelles Lernen ist der Oberbegriff für sowohl unbeabsichtigte,

---

[19] „Durch die Bildungsreform mit dem Ausbau der dritten (Hochschulausbildung) und der vierten Säule (Erwachsenen- und Weiterbildung) des Bildungswesens seit den 60er und 70er Jahren sowie durch die Weiterentwicklung der Medien- und Informationstechnologie seit den 80er Jahren hat sich eine Verstärkung und relative gesellschaftliche Verselbständigung des rational kognitiven Bereichs unter den Begriffen einer 'Informations- und Wissensgesellschaft' vollzogen" (Nahrstedt et al. 2002, S. 74).

mehr oder weniger bewusste, als auch absichtliche Lernprozesse in der außerschulischen Umwelt. ...[Informelles] Lernen wird...nicht nur als bewusste kognitive Verarbeitung von Informationen verstanden, sondern als eine ganzheitliche, bewusste und unbewusste, intentionale und nicht intentionale/ beiläufige, theoretische und praktische Verarbeitung von Umweltreizen, Informationen, Erlebnissen, Präsentationen" (Freericks 2002, S. 17 f).

Informelles Lernen kann in diverse Lernformen untergliedert werden, „...wie z.B. das Erfahrungslernen als unmittelbares Verarbeiten von (primären) Reizstrukturen, Eindrücken, Erlebnissen, Begegnungen; das implizite und beiläufige Lernen als mehr gefühlsmäßige Reizaufnahme, Situationserfassung, Gestaltwahrnehmung im Sinne von Intuition und Einfühlung; das Alltagslernen als lebensnahes an der Alltagswirklichkeit und praktischem Handeln orientierte Lernen; oder das selbstgesteuerte Lernen als aktives, selbstbestimmt-nachfragendes Lernen im Austausch mit anderen" (Freericks 2002, S. 17f).

Im Zusammenhang der sich entwickelnden Wissensgesellschaft, und der Notwendigkeit des lebenslangen Lernens weitet sich die Bedeutung des informellen Lernens (vgl. Nahrstedt et al. 2002). Warum erlebnisorientierte Lernorte, Orte informeller Bildung sind, klärt folgender Unterpunkt.

5.2.2 Erlebniswelten als erlebnisorientierte Lernorte

Nahrstedt et al. sprechen von einer Ausdifferenzierung von Lernorten. Im Lauf der Zeit sind neben den bisherigen Lernorten (Schule, Betrieb, Familie) arrangierte Erlebenswelten hinzugekommen. Im Rahmen des Projektes wurden diverse Erlebniswelten (z.B. Universum Bremen, Expo-Zoo Hannover, Heidepark Soltau) hinsichtlich ihres Lernpotenzials untersucht (vgl. dies.).

Im Sinne des lebenslangen Lernens stellen Erlebniswelten eine Ergänzung zu den Lernorten des Bildungswesens dar. „Sie bieten ...ein individuell sehr verschiedenes Spektrum an lernanimativen und lernintensiven Angeboten und Chancen zwischen Erwachsenenbildung und Freizeitsozialisation" (Nahrstedt et al. 2002, S. 361).

Erlebniswelten werden als erlebnisorientierte Lernorte verstanden. Sie emotionalisieren Themen und Inhalte. Es ergibt sich ein Lernschema, das emotionales und thematisches Lernen sowie kommunikatives Lernen verknüpft. Ferner stellte sich heraus, dass das Lernen in Erlebniswelten weniger einen Kompetenzgewinn hervorruft, sondern eher ein Interesse gegenüber den Themen und Inhalten weckt. Diesem Interessengewinn messen die Autoren im Kontext der sich entwickelnden Wissensgesellschaft Bedeutung bei. Die Wissensgesellschaft fordert ein hohes Wissenspotenzial sowie eine lebenslange Aufnahme von Informationen. Einerseits kann das in Erlebniswelten geweckte Interesse zu einem Wissenserwerb führen, das in anderen Lernorten ergänzt oder vertieft wird (z.B. Schule, Familie), andererseits bieten Erlebniswelten im Gegensatz zum kognitiven Wissenserwerb der formellen Bildung eine angenehme, mit Freude verbundene Lernform (vgl. Nahrstedt et al. 2002).

5.2.3 Emotionale Bildung als Vorraussetzung für erlebnisorientiertes Lernen

„Erlebnisorientierte Lernorte sind entsprechend Orte emotionaler Bildung, die insbesondere emotionale Lernprozesse ermöglichen und anregen... In erlebnisorientierten Lernorten stehen emotionale Lernprozesse im Vordergrund, ohne kognitive und aktionale Lernprozesse auszuschließen" (Nahrstedt et al. 2002, S. 93).

Lernen durch Erlebnisse ist Lernen durch Emotionen. Wissen wird in dem Fall durch emotional erlebte Situationen verinnerlicht. Es besteht ein Unterschied darin, ob Lernen im Frontalunterricht vermittelt wird, oder ob Inhalte mittels Emotionen zu Erlebnissen werden, prägend wirken, und auf diese Weise verinnerlicht werden. Erlebnisse können emotionale Lernprozesse bewirken und auch kognitive und aktionale Lernprozesse auslösen. Sie stehen in einer Wechselwirkung zueinander, und können sich gegenseitig verstärken (vgl. dies.).

Das Lernen in Erlebniswelten setzt *emotionale Bildung*, bzw. eine *emotionale Intelligenz* voraus: den Umgang mit der eigenen Gefühlswelt, Gefühle empfinden, ausdrücken, beherrschen und einordnen zu können. Erlebnisorientiertes Lernen kann nur dann statt finden, wenn Emotion und Kognition eine Einheit bilden. „Anbieter rational geplanter Erlebnisarrangements setzen beim Teilnehmer eine rational gestützte 'emotionale Intelligenz' voraus, um das Erlebnispotenzial voll ausschöpfen zu können"

(Nahrstedt et al. 2002, S. 92). Abgeleitet für Erlebniswelten sollten zugunsten des emotionalen Lernens folgende Dimensionen Beachtung finden:

- „Ansprache und Aktivierung nicht-kognitiver Lernsysteme mit nachhaltiger Wirkung (individuelle Gefühlszustände, emotional fundierte Gedächtnisspeicher..."),
- Öffnung eines Raums für Selbsterfahrung und Entwicklung der Sinne (Gegenwelt zur hyperdynamischen, rationalen Arbeitswelt),
- Förderung von Kommunikation und Gemeinschaft (Familie, Freundeskreis, Team),
- Möglichkeit der emotionalen Orientierung in einer komplexen Informationsgesellschaft,
- Anregung und Stützung des selbstgesteuerten Lernens (mehrschichtige Informations- und Verweis-Struktur, Förderung von Interesse und Neugier)" (Nahrstedt et al. 2002, S. 368 f).

5.2.4 Ebenen des erlebnisorientierten Lernens

Erlebnisorientiertes Lernen muss im gesellschaftlichen Kontext betrachtet werden. In einer erlebnisorientierten Gesellschaft (Kap. 3.1) ist auch das Lernen mit dem Erlebnisbegriff behaftet. „Lernen wird hier gesehen als erlebnisorientiert, beruht auf Geselligkeit und Selbertun..." (Nahrstedt et al. 2002, S. 97). Es impliziert ebenfalls eine Erlebnisrationalität (Kap. 3.1.1), d.h. richtet sich gegen einen unkontrollierten Konsum. Angelehnt an Opaschowski (2000a), sprechen die Autoren davon, dass die im Laufe der Zeit entstandenen Erlebniswelten sich zu Lernorten samt einem „erlebnisorientierten Lernbegriff" (Nahrstedt et al. 2002, S. 98) entwickelt haben.

Grundsätzlich lässt sich das erlebnisorientierte Lernen auf eine Aufnahme neuer Eindrücke zurückführen. Die Autoren fassen das erlebnisorientierte Lernen in Erlebniswelten folgendermaßen zusammen: „Die Stärken von Erlebniswelten liegen in einer kategorialen bzw. elementaren Bildung und in einem emotional fundierten, exemplarischen Erleben. Sie erschließen die Menschen für eine Wirklichkeit und eröffnen individuelle Pfade des selbstgesteuerten Lernens von Emotion über Kognition zu Aktion sowie von elementaren Grundlagen zu breitem Allgemeinwissen und zur Spezialbildung. Die Breite des historisch gewonnenen Wissens wird durch Erlebniswelten unterhaltsam aber Interessen generierend über informelle Bildung gesellschaftlich gefestigt und der jungen Generation vermittelt" (Nahrstedt et al. 2002, S. 10 f).

Eine weitere Dimension des Lernens in Erlebniswelten umschreiben die Autoren als „erinnerbare Gefühlszustände" (Nahrstedt et al. 2002, S. 104), die im Gegensatz zu flüchtigen, oberflächlichen Ereignissen stehen. Langanhaltende Gefühlszustände, die durch Emotionen im Gedächtnis bleiben und auch im Nachhinein Wirkung zeigen, sind erwünscht. „Nicht mehr das lexikalische Wissen über einzelne Tierarten, sondern eine wie immer ausgestaltete 'Tierliebe' wird zum Lernziel eines thematisierten Zoos" (Nahrstedt et al. 2002, S. 106). Tief empfundene Erlebnisse können zur Kommunikationsförderung führen, denn sie werden oft zum Gesprächsgegenstand in Familien- und Freundeskreisen.

Erlebnisorientiertes Lernen kann ebenfalls als ein „nacherlebtes Verstehen 'universaler Stimmungen'" (Nahrstedt et al. 2002, S. 126) in Anlehnung an Dilthey[20] verstanden werden. Demnach spiegeln Erlebnisse universaler Stimmungen, einen Zeitgeist, wider. Ergebnis dessen kann eine Horizonterweiterung sowie ein Gewinn an Erkenntnissen über sich selbst und die Welt sein. Erlebniswelten sind Träger solcher Stimmungen und lassen Reflexionen zu. Allein die Existenz von Erlebniswelten spiegelt den Zeitgeist wider, aber auch Thematisierungen (z.B. Deutsche Wiedervereinigung im *Phantasialand Brühl*) lassen eine Stimmung nachempfinden (vgl. dies.).

Um erlebnisorientiertes Lernen zu fördern, sollten erlebnisorientierte Lernorte Ganzheitlichkeit vermitteln; die Ebenen der Kognition, Emotion und Aktion gleichermaßen abdecken. Die Autoren sprechen diesbezüglich von einem Erlebnisraum, der aufgrund seiner Dreidimensionalität „Unterhaltung, ästhetische Erfahrungen [und] Eskapismus im Sinne eines Eintauchens in eine fremde Welt, aber auch Bildungserfahrungen [einschließt]" (Nahrstedt et al. 2002, S. 371).

Das Lernen in erlebnisorientierten Lernorten setzt Lernprozesse auf folgenden Ebenen voraus. Sie bilden eine Basis für ein effektives erlebnisorientiertes Lernen (vgl. dies. S. 194 ff):

- Grundvoraussetzung für erlebnisorientiertes Lernen ist ein „situationsangemessenes Verhalten" (dies. S. 194) in der Erlebniswelt (z.B. Schlangestehen, angebrachte Nutzung der Angebote). Um Erlebnisangebote nutzen zu können, bedarf es einer *erlebnisfördernden Disziplin* und ein *Erlernen organisierter Freiheit*.
- Des weiteren ist das *Erlernen erlebnisorientierter Selbstorganisation* notwendig. Dies bedeutet einen Ausbau der Fähigkeit, die Angebotsvielfalt mit der Besuchszeit gemäß eigenen Interessen zu vereinbaren. Dabei sollten auch Interessen der

---

[20] Wilhelm Dilthey (1833-1911) verdeutlichte „die Bedeutung des Erlebnisses für das Weltverständnis ... am Beispiel der Dichtung" (Nahrstedt et al. 2002, S. 121). Seine Erkenntnisse bilden ein Fundament für die später entwickelte geisteswissenschaftliche 'Theorie der Bildung' (vgl. dies.).

Gruppe Beachtung finden. Entweder kann der Aufenthalt/Begehung geplant werden oder spontan erfolgen.

- Ferner ist *emotionales Lernen* ein wichtiger Faktor. Lernziel sind hierbei das Kennenlernen der eigenen Gefühle und der Umgang mit ihnen. (Z.B. Mitgefühl, Tierliebe im Zoo, Neugier, Erfolgserlebnisse, Ängste).

- Das *kommunikative Lernen* umfasst die Freude an Kommunikation mit begleitenden Personen (z.B. Familie, Freunde) oder das Kennenlernen neuer Menschen. Diese Ebene gewinnt im Zusammenhang der gesellschaftlichen Individualisierung an Bedeutung.

- Das *thematische Lernen* hat zum Lernziel den Ausbau der „…Fähigkeit zum nacherlebenden Verstehen thematischer Zusammenhänge" (Nahrstedt et al. 2002, S. 196). Beispielsweise können Naturgesetze erlernt werden, Tierarten kennen gelernt und die Bedeutung des Tierschutzes   nahe gebracht werden.

Abbildung 4 veranschaulicht die fünf Ebenen des erlebnisorientierten Lernens.

Ebenen erlebnisorientierten Lernens

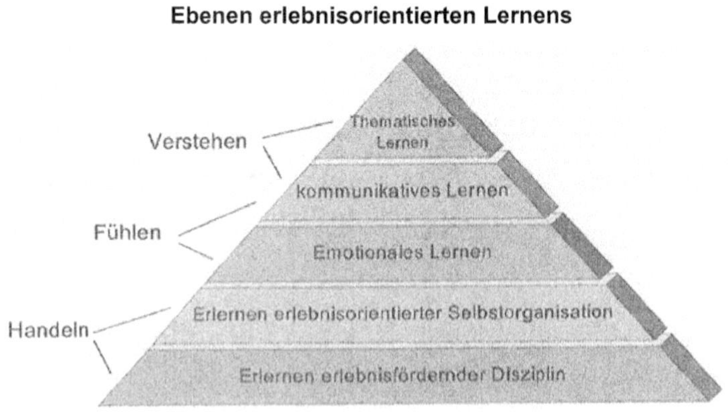

Abb. 4: *Ebenen erlebnisorientierten Lernens* (Nahrstedt et al. 2002, S. 197).

Darüber hinaus können Erlebniswelten informelles und formelles Lernen miteinander verbinden. Sie fördern eine Interessenbildung, die in Lernorten der formellen Bildung zu einer Wissenserweiterung und Aneignung von Kompetenzen führen kann. Zusammengefasst bildet erlebnisorientiertes Lernen eine neue Form des informellen Lernens. Aus diesem Grund macht eine Formulierung einer eigenen Pädagogik Sinn (vgl. dies.).

5.2.5 Pädagogik erlebnisorientierter Lernorte

Vor dem Hintergrund dieser Art des informellen Lernens fordern Nahrstedt et al. eine neue Form der Pädagogik, eine *Pädagogik erlebnisorientierter Lernorte*. Diese Forderung lässt sich darauf zurückführen, dass Erlebniswelten hohe Besucherzahlen aufweisen und zugleich einen bedeutenden Bildungsfaktor besitzen. Aus diesem Grund wäre eine Pädagogik sinnvoll, um das Lernpotenzial intensiv und effektiv zu nutzen. Inhaltlich sollte die Pädagogik abgegrenzt sein von der Pädagogik des Schulwesens und der betrieblichen Pädagogik, andererseits doch einen Bezug dazu aufweisen (vgl. dies.).

Den Kern der erlebnisorientierten Pädagogik formuliert die Frage „...in welchem Maße das Lernen sowohl auf den unterschiedlichen Lernebenen als auch insgesamt gefördert werden kann" (Nahrstedt et al. 2002, S. 198). Die Autoren formulieren folgendermaßen ein Modell der Pädagogik erlebnisorientierter Lernorte: Innerhalb der erlebnisorientierten Pädagogik spielt die Förderung des selbstgesteuerten Lernens eine wichtige Rolle. Nur eine individuelle Bereitschaft führt dazu, sich auf das Lernen in Erlebniswelten einzulassen. Das Individuum entscheidet, in welchem Maße es sich mit den Lern- und Erlebnisarrangements auseinandersetzt. Des weiteren sollte ein Bewusstsein für die Lerninhalte hinter der Gestaltung der Arrangements bestehen. Ein pädagogisches Konzept zur Lernförderung qualifiziert die Erlebniswelt als Lernort und dient dem selbstgesteuerten Lernen. Dazu sollten Lernhilfen (z.B. Information, Beratung, Trainer, Animation) zur Intensivierung der Lernsituation angeboten werden (vgl. dies.).

Dieses Modell bildet die Basis für eine effektive Nutzung einer Erlebniswelt. Betont werden sollte in diesem Zusammenhang, dass die Konzepte der Erlebniswelten eine Herausforderung an das Lerninteresse der Besucher darstellen. „Je stärker dieses Lerninteresse durch das Konzept erreicht und auf allen Lernebenen geweckt und gefördert werden kann, um so wirksamer erweist es sich. An diesem Kriterium entscheidet sich die Qualität des Konzeptes" (Nahrstedt et al. 2002, S. 199).

5.2.6 Erkenntnisse für die Erlebnis-Gästeführung

Das Lernen in Freizeit-Erlebniswelten erscheint als eine neue und interessante Form des informellen Lernens. Sie verbindet Spaß und Unterhaltung mit bildenden Aspekten, die es zu fördern lohnt.

Den Untersuchungsgegenstand des Projektes bildeten thematisierte Erlebnisparks, wobei neben Freizeit- und Erlebniseinrichtungen auch Science Center und Tierparks miteinbezogen wurden. Gästeführungen standen außerhalb des Fokus. Können auch Erlebnis-Gästeführungen als erlebnisorientierte Lernorte bezeichnet werden?

Die Grundlage erlebnisorientierten Lernens bilden emotionale Lernprozesse. „Erlebnisorientierte Lernorte sind entsprechend Orte emotionaler Bildung, die insbesondere emotionale Lernprozesse ermöglichen und anregen" (Nahrstedt et al. 2002, S. 93). Folglich kann abgeleitet werden, dass Gästeführungen, die eine Erlebnis-Dimension aufweisen, und deren Gesamtkonzeption benennbare Lernziele einschließt ebenso als ein erlebnisorientierter Lernort verstanden werden können.

Nach Nahrstedt et al. wird innerhalb erlebnisorientierter Lernorte Wissen mittels erlebter Informationen gewonnen, wobei emotionales und thematisches Lernen sowie kommunikatives Lernen verknüpft werden (vgl. ebd.). Meiner Ansicht nach trifft dies auch auf Erlebnis-Gästeführungen zu. Eine Inszenierung von Inhalten mittels Thematisierung und Dramaturgie (Kap. 3.2.2.2) dynamisiert Inhalte. Dies ermöglicht einen emotionalen Zugang und ein Eintauchen in eine andere Welt. Auf diese Weise kann bei Erlebnisgästeführungen emotionales Lernen durch Erlebnisse hervorrufen werden.

Auch kann innerhalb der Erlebnis-Gästeführung die kommunikative sowie die aktionale Ebene einerseits durch das gemeinsame Erkunden der Destination und andererseits durch eingebaute Aufgaben und Aktivitäten abgedeckt werden. Nicht zu vergessen ist das kognitive/thematische Lernen, das dort ebenso eine Rolle spielt. Es wird angesprochen, wenn Transfer zu übergeordneten Lernzielen statt findet (Kap. 2.3.3; 5.1.3), ebenso wenn Reflexion angewendet wird, um Erlebnisse im Bewusstsein zu verankern (Kap. 5.1.3).

Vor diesem Hintergrund kann die Erlebnis-Gästeführung auch als erlebnisorientierter Lernort bezeichnet werden[21]. Somit wären nicht ausschließlich institutionelle, abgegrenzte und künstlich erschaffene Erlebniswelten als erlebnisorientierte Lernorte gemeint. Eine authentische und reale Umwelt, das kulturelles Erbe eines Fremden-

---

[21] Es kann vermutet werden, dass eine Eingrenzung von erlebnisorientierten Lernorten ausschließlich auf Freizeit- und Erlebnisparks nicht im Sinne von Nahrstedt et al. sein kann. Folglich fordern die Autoren anschließende Untersuchungen, von weiteren Lernort-Typen der Freizeit (vgl. 2002, S. 383 f).

verkehrsortes oder eine beeindruckende Landschaft verursachen meines Erachtens mindestens genauso gut *erinnerbare Gefühlszustände* und *universale Stimmungen*.

Im Gegensatz zu Freizeit-Erlebniswelten zeigt sich sogar ein Vorteil im Hinblick auf erlebnisorientiertes Lernen bei Erlebnis-Gästeführungen. Es ist die bewusste Reflexion, die durch die Anwesenheit des Gästeführers ermöglicht werden kann. Nahrstedt et al. (2002, S. 381f) bedauern, dass innerhalb der untersuchten Erlebniswelten oft keine Gelegenheit für Reflexion gegeben wird. Die Besucher sind eigenständig, Reflexion stellt sich nicht zwangsläufig ein.

Zugunsten des erlebnisorientierten Lernens sollten auch bei Gästeführungen folgende Aspekte Beachtung finden:

- Ansprache und Aktivierung auf emotionaler Ebene. Anregung individueller Gefühlszustände usw.
- Anbieten von Räumen für Selbsterfahrung und Entwicklung der Sinne. (Gegenwelt zur Arbeitswelt und Alltag).
- Förderung von Kommunikation und Gemeinschaft (Familie, Freundeskreis, Team).
- Aufzeigen klarer Strukturen. Orientierung am Ursprünglichen, Einfachem (im Gegensatz zu oft chaotisch und unklar erscheinenden Strukturen des Alltags).
- Förderung und Anregung des selbstgesteuerten Lernens (Interessen wecken, Parallelen zur Heimat der Gäste aufzeigen, Anregung für die weitere Urlaubsgestaltung geben etc.).
- Schaffung einer Dreidimensionalität während der Gästeführung: „...Unterhaltung, ästhetische Erfahrungen, Eskapismus im Sinne eines Eintauchens in eine fremde Welt, aber auch Bildungserfahrungen...“ (Nahrstedt et al. 2002, S. 371) bieten.

Auch im Fall der Erlebnis-Gästeführung sind *emotionale Intelligenz* und die Fähigkeit zum *emotionalen Lernen* von Vorteil. D.h., Teilnehmer sollten offen für Neues sein, sollten sich einlassen auf eine Wissensvermittlung mittels Emotionen und Erlebnissen. Je mehr Phantasie, Einfühlungsvermögen und Bereitschaft zu einem emotionalen Einstieg in eine Geschichte aufgebracht werden, desto eher werden Lernprozesse aktiviert. Die Inhalte bleiben dann nicht außen, sondern dringen in das Ich des Teilnehmers (vgl. Nahrstedt et al. 2002).

Besteht diese emotionale Ausgangsbasis bei den Teilnehmern, und wird der Prozess des Erlebens einmal aktiviert, kann eine Kette von weiteren Wirkungen ausgelöst werden: die neuen Eindrücke werden innerhalb der Gruppe kommuniziert und fördern die Geselligkeit; eine spätere Kommunikation des Erlebten im Freundes-/Familienkreis kann wiederum Lernprozesse auslösen.

Zusammenfassend betrachtet kann dieses Unterkapitel (5.2) verstanden werden, als eine Einordnung der Erlebnis-Gästeführung in den theoretischen Hintergrund: Innerhalb der Erziehungswissenschaft und im Zusammenhang des gesellschaftlichen Bildungsangebots können Erlebnis-Gästeführungen als ein Ort des informellen Lernens gesehen werden. Sie bieten eine erlebnisorientierte Form des Lernens, die Unterhaltung mit Bildung verknüpft und weiterführende Interessen wecken kann. Der Bildungsaspekt, der hier verdeutlicht wurde, demonstriert evident eine inhaltliche Nähe zum *kommunikativen Tourismus* nach Nahrstedt (Kap. 3.3).

5.3 Die Animation

Die Theorie der Animation wird aus einem wichtigen Grund in dieser Arbeit thematisiert: sie befasst sich mit den innengeleiteten Wünschen der Urlauber, und hat eine erlebnisorientierte Urlaubsgestaltung zum Ziel. Genauer gesagt „...aktiviert [Animation] nicht nur sonst ungenutzte Energien, Erlebnis- und Fähigkeitsreserven im Urlaub, in der Freizeit, sondern ist darüber hinaus eine Möglichkeit, zur Steigerung der 'Lebensqualität' im Freizeit- und Urlaubsbereich ...“ (Finger und Gayler 2003, S. 349). Im Rahmen einer erlebnisfördernden Gästeführung, die ihre Teilnehmer zur Aktivität anregt, sieht auch Günter (1991, S. 219 f) die Theorie der Animation als eine fruchtbare Erkenntnisgrundlage. Die Theorie der Animation wird hier als vielversprechend für die Konzipierung von Erlebnis-Gäste-führungen verstanden.

5.3.1 Begriffsbestimmung

„Animation ist Anregung und Aufforderung zu gemeinsamem Tun in Freizeit und Urlaub“ (Finger & Gayler 2003, S. 14). Nachdem sich die Autoren eingehend mit den Wirkungen, den Inhalten und dem Vorgang der Animation beschäftigt haben, erweitern sie die obige Definition folgendermaßen:

*„**Animation** ist die **durch eine Person ausgesprochene** freundliche[,] fröhliche[,] liebevolle[,] herzliche[,] attraktive Aufforderung[,] Einladung[,] **Anregung**[,] Ermutigung **zum gemeinsamen Tun** zu jeder beliebigen Aktivität, solange sie nur gemeinsam mit anderen Menschen und mit Freude am Neuen, am Erlebnis, an der gemeinsamen Aktivität, an Menschen, Umgebung, Ort, Kultur und Land geschieht"* (Finger & Gayler 2003, S.27).

Nach Finger und Gayler ist die erweiterte Definition universell. Sie ist anwendbar und umsetzbar auf verschiedenste Situationen der Praxis. Sie birgt drei Elemente. Erstes Element ist die *Anregung*, d.h. dass Animation über das alleinige Informieren über Aktivitäten hinausgeht. Das zweite Element umfasst die Form des *Gemeinsamen*. Das bedeutet, dass Animation sich an Gruppen richtet und Interaktion zum Ziel hat. Das dritte Element bezieht sich auf das Aktivsein, das *Tun*. Im Zentrum stehen Handlungen, die jedoch an die Bedürfnisse der Gäste angepasst sein sollten. Animation kann auf mehreren Ebenen stattfinden. In optimaler Weise soll sie alle Sinne ansprechen und wecken. Anregung zum Urlaubserleben kann durch alle fünf Sinne erfolgen.

5.3.2 Ziel und Wirkung

Auch die Animation muss im soziokulturellen Kontext betrachtet werden. Die gesellschaftliche Erlebnisorientierung hat Auswirkungen auf Urlaubsformen, -bedürfnisse und -ziele der Urlauber. Obwohl der inhaltliche Grundgedanke der Animation seit 30 Jahren identisch ist, stellen Finger und Gayler fest, dass im Laufe der Zeit die Bedeutung der Kommunikation und des Urlaubserlebnisses zunahm.

Animation setzt an dem Punkt an, wo Menschen nicht in der Lage sind, selbstständig ihre Wünsche zu erfüllen. Es gibt mehrere Erklärungsansätze dafür, warum Menschen Animation benötigen: z.B. schwach ausgeprägte Bedürfnisse, die unbemerkt bleiben und einer Anregung bedürfen; bestehende innere Hemmungen; Fehlen an Kenntnissen zur Umsetzung und Befriedigung der Bedürfnisse; Ratlosigkeit und Phlegma gegenüber der Freizeitgestaltung (vgl. Finger & Gayler 2003). Um diesem Problem entgegen zu steuern, richtet sich die Animation auf Aktivitäten zur Befriedigung der Gästewünsche. Diese Aktivitäten bilden die inhaltlichen Bereiche der Animation. Folgende Ziele und Wirkungen versucht die Animation zu erfüllen:

- „Realisierung von Bedürfnissen
- Steigerung der Eigenaktivität
- Vermehrung von Kontakten
- Intensivierung der Kommunikation
- Abwechslungsreichere Urlaubsgestaltung
- Intensiveres Urlaubserlebnis
- Erhöhung von Spaß, Freude, Vergnügen
- Chance der Weiterentwicklung der gemachten Erfahrungen" (Finger & Gayler 2003, S. 34).

Vor diesem Hintergrund erweist sich die Animation als ein „sozial-kommunikativer Prozess" (ebd.), der mit Hilfe von Emotionen, Erlebnissen und Geselligkeit die Urlaubsqualität im Sinne des Gastes erhöhen möchte. Ergänzend verdeutlicht folgendes Zitat die Wirkung und Zielsetzung der Animation: „Animation ist auf die Bedürfnisse und Wünsche der Gäste und deren Befriedigung im Sinne einer Intensivierung des Urlaubserlebnisses hin ausgerichtet. Die Bereicherung der Zeit während des Urlaubs ist in erster Linie das erstrebenswerte Ziel der Urlaubsanimation; durch die Animation ausgelöste Lernprozesse, die unter Umständen auch das Freizeitverhalten im Alltagsbereich beeinflussen, werden hier als positive Ergänzung der Animation durchaus gesehen, und zwar aus dem Verständnis der umfassenden Vorstellung der sozio-kulturellen Funktion der Freizeit-Animation" (Finger & Gayler 2003, S. 34).

5.3.3 Animationsbereiche

Die Bereiche der Animation versuchen die Bedürfnisse der Urlaubsgäste abzudecken. Sie spiegeln generell die menschlichen Grundmotive eines idealen Urlaubs wider und zielen konkret auf diverse Aktivitäten. Zwar lassen sich Aktivitäten einzelnen Bereichen zuordnen, sie überschneiden sich jedoch auch (Finger und Gayler 2003, S. 100).

Wie Abbildung 5 (S. 64) verdeutlicht, sind die Kernelemente der Animationsbereiche Erlebnis, Spiel und Geselligkeit. Sie verschmelzen zu einer Einheit, die ungeachtet dessen, welcher Bereich der Animation aktiviert wurde, stets Erlebnis und Geselligkeit erzielen wollen (vgl. dies.). Diese Aussage macht die einzelnen Bereiche im Hinblick auf erlebnisorientierte Gästeführung interessant.

Die Bereiche der Animation

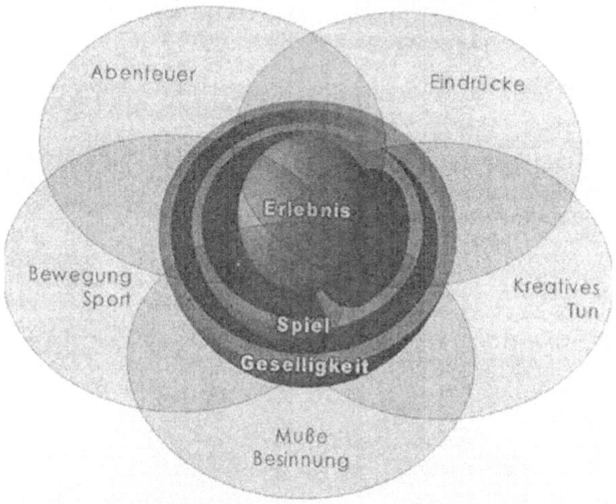

Abb. 5: *Die Bereiche der Animation* (Finger & Gayler 2003, S. 29).

Im Folgenden werden die einzelnen Animationsbereiche vorgestellt. Das Wissen um diese Bereiche sollte auch auf die Konzeptgestaltung von Erlebnis-Gästeführungen Einfluss nehmen. Die Animationsbereiche gewährleisten ein breites Spektrum an potenziellen Erlebnis-Ebenen. Zumindest sollten sie bei der Konzepterstellung in Erwägung gezogen werden. Die einzelnen Bereiche werden kurz dargestellt, enthalten jedoch gleichzeitig eine Übertragung auf die Erlebnis-Gästeführung.

5.3.3.1 Bewegung

Mit Bewegung ist urlaubsgemäßes Aktivsein gemeint. Sie sollte einen „Spielwert[,] Rekreationswert [und einen] Kommunikationswert" (Finger & Gayler 2003, S. 105) enthalten und schließt Tätigkeiten über den Sport (z.B. Ballspiele, Kegeln, Bootsfahrt, Wandern, Angeln usw.) hinaus ein. Wichtig ist hierbei eine angenehme Atmosphäre ohne Konkurrenzdruck, die Kreativität und eine gewisse Zusammengehörigkeit hervorruft. Ziel kann es sein, bisher unsportliche Gäste an Sport und spielerische Bewegung heranzuführen (vgl. dies. S. 103 ff).

Selbstverständlich kann der Bereich der Bewegung auch zum Zweck der Erlebnisförderung in der Gästeführung Anwendung finden. Neben der körperlich-aktiven Erkundung und der Sinneswahrnehmung, die das biotische und explorative Erleben (Kap.

89

4.2) umschreiben, können ebenso spielerische Komponenten bei Gästeführungen Anklang finden. Ideal wären einfache Spiele oder der Einsatz von außergewöhnlichen Fortbewegungsmitteln (z.b. Pferdekutschen in Wien, Kutterfahrten an der Nordsee, Schlittenfahrt im Harz usw.). Im Sinne der Gästeführung wäre mit Bewegung ein Aktivwerden gemeint, das ein Ausprobieren und Sicheinlassen auf etwas Fremdes umfasst.

Das Publikum kann auf diverse Arten aktiviert werden, ob durch das Ausprobieren eines fremden Werkzeuges, Schmecken einer fremden Speise, den Versuch einer Ritualnachahmung oder die Bewältigung einer vom Gästeführer gestellten Aufgabe.

5.3.3.2 Geselligkeit

„Die Ergebnisse der Motivationsforschung zeigen, dass das Bedürfnis nach Geselligkeit im Urlaub zu den stärksten Motiven der Menschen gehört" (Finger & Gayler 2003, S. 119). Dabei geht es um die *Anwesenheit* anderer Menschen und um *Kommunikation* zueinander. Die Bedeutung der Geselligkeit kann auch durch das psychologische Bedürfnis nach sozialem Erleben nach Schober 1993a (Kap. 4.2) begründet werden. Laut Finger und Gayler (2003) sollte dieses Kriterium folgende Elemente in sich vereinen: Abwechslung, Ungezwungenheit, biotisches (z.B. körperliche Nähe, Tanz) und affektives Erleben (Emotionen, Fröhlichkeit). Geselligkeit kann durch spielerische Aktivitäten besonders gut angeregt werden. Sie verhelfen zur Kontaktaufnahme und Integration und können Kommunikation intensivieren (vgl. dies.).

Eine Gästeführung sollte als ein geselliges Ereignis betrachtet und dementsprechend auch gestaltet werden. Besteht die Gruppe aus Teilnehmern, die sich nicht kennen, sollte die Förderung von Kommunikation stets im Fokus des Gästeführers stehen (insbesondere bei mehrtägigen Führungen). Programmpunkte zur Förderung der Kommunikation wie z.B. Rätsel, Picknick, Besuch von Lokalen sollten je nach Art der Gästeführung feste Bestandteile werden. Ferner ist es sinnvoll, bewusst Pausen einzubauen, um Gespräche unter den Teilnehmern in Gang zu bringen.

5.3.3.3 Kreatives Tun

Das kreative Tun bewegt sich im Rahmen handwerklicher sowie musischer, künstlerischer und bildnerischer Tätigkeit. Es soll die „...Phantasie und Spontaneität der Urlauber ansprechen... Spaß, Freude und Befriedigung und damit ein gewisses Maß an Selbstständigkeit und Selbstvertrauen erzeugen" (Finger & Gayler 2003, S. 127).

Zwei Ansätze verhelfen dem Animateur, seine Gäste zum kreativen Tun zu ermuntern. Der erste Ansatz wirkt über *Zugangsmechanismen*. Er umfasst die Form der kreativen Tätigkeit durch: schöpferischen (z.b. Zeichnen), schriftlichen (z.b. Poesie) und darstellenden Zugang (Theaterspiel), durch technische Geräte (z.b. Fotografieren) und manuelle Betätigung (z.b. Töpfern). Der zweite Ansatz weckt das Interesse über das Produkt. Hier steht ein „originelles, typisches und noch dazu selbst geschaffenes Urlaubssouvenir" im Mittelpunkt, das „einen höheren emotionalen Rang [hat], als jedes Massensouvenir vom Kiosk" (Finger und Gayler 2003, S. 134). Der Ansatz über das Produkt soll die Attraktivität des kreativen Tuns steigern, der Zugang die Hemmungen verringern (vgl. dies.).

In Anlehnung an das vorangegangene Unterkapitel (5.2) kann das schöpferische und kreative Gestalten, eingebettet in ein didaktisches Gesamtkonzept, als Methode zum erlebnisorientierten Lernen gesehen werden. Kreative Tätigkeiten ermöglichen methodisch eine emotionale Erschließung von Inhalten. Wie bereits thematisiert, werden Lernziele leichter erreicht, wenn Dinge emotional verinnerlicht werden. Des weiteren verbindet kreatives Tun die aktionale mit der emotionalen Ebene, dies erhöht den Lerneffekt nochmals. Ein Beispiel soll dies verdeutlichen: Teilnehmer einer Gästeführung sammeln Steine und Muscheln, die nach historischer Art zu einem Mosaik zusammengestellt werden. Auf diese Weise wird altertümliches Handwerk nahegebracht. Auch dringen Poesie und Prosa, die regionale Begebenheiten oder Charakteristika zum Gegenstand haben, in die Köpfe und Herzen der Gäste.

5.3.3.4 Eindrücke, Entdecken und Erleben

„Der Animationsbereich 'Bildung, Entdecken und Erleben' ist in erster Linie gekennzeichnet durch Elemente der geistigen Anregung, Aktivierung, Auseinandersetzung und Bewältigung der Urlaubswelt im weitesten Sinne" (Finger & Gayler 2003, S. 140). Dieser Bereich verfolgt das Ziel der Bildung durch spielerische und ernste, passive und aktive Beteiligung, wobei Nachhaltigkeit, Sozialverträglichkeit und Umweltschutz erstrebenswerte Inhalte formulieren sollten.

Ausgangslage für den Animationsbereich ist nicht die Bildung im formellen Sinn, sondern die menschliche Neugier. Der Urlaub wird in diesem Zusammenhang als „Erlebnisfeld" (S. 140) betrachtet. Ferner betonen die Autoren: „Die Bereitschaft, Anregungen im geistigen Bereich aufzunehmen und dadurch vielleicht sogar neue Interessen zu entdecken, ist nirgends größer als im Urlaub" (ebd.). In der Animation wird versucht, diesen Bereich mit Programmen wie Spaziergängen, Wanderungen, Vorträgen, Rallyes, Sprachspielen und Kursen abzudecken. Um die Urlaubsdestination erlebnisvoll zu erkunden, verweisen die Autoren auf die zwölf Gebote der Länderkunde[22] nach Müllenmeister.

Das Prinzip der erlebnisvollen Erkundung führen die Autoren zurück auf eine gelenkte Wahrnehmung einzelner Details aus der Fülle der Umweltreize: Freude an Kleinigkeiten finden und die Fremde bewusst wahrnehmen. Anschließend sollte zum Nachdenken animiert werden, um das Gesehene in seiner Einzigartigkeit zu begreifen. Um Wanderungen und Erkundungen erlebnisreicher zu gestalten empfehlen Finger und Gayler den Überraschungseffekt durch beispielsweise „unerwartete Begegnungen und Geschehnisse, kleine improvisierte oder vielleicht sogar vorgeplante 'Zwischenfälle'...z.B. kleine Hütte im Wald,...Gesprächsmöglichkeiten mit Einwohnern der Gegend" (2003, S. 161). Grundgedanke ist nicht die alleinige Vermittlung von Sachinformationen, sondern den Gästen „affektive und emotionale Erlebnismomente" (ebd.) zu ermöglichen.

---

[22]
1. „Traue keiner touristischen Tradition. Nicht alles, was man bewahrt, hat sich bewährt.
2. Kannst Du eine touristische Hauptverkehrsader / Straße nicht umgehen, so fahre in unüblicher Richtung oder zu einer ungewöhnlichen Stunde. Der Unterschied zwischen Gedränge und Idylle ist oft nur eine Frage der Tageszeit.
3. Hüte Dich vor Übermaß. Die Zahl der gebotenen Attraktionen ist kein Indikator für Qualität.
4. Achte auf Entfernungen. Dosiere die Kilometer wie ein Geizhals und die Fahrpausen wie ein Verschwender.
5. Merke: Sich bewegen ist besser, als bewegt werden.
6. Verplane bei einer Rundfahrt nicht jede Minute; gönne Deinen Urlaubern genügend Freiheit, Freizeit und persönlichen Spielraum.
7. Bedenke, daß eine Versuchsplantage genauso interessant sein kann, wie ein Tempel.
8. Die Welt ist kein Museum. Aber ein Museum sollte immer ein Stück Welt spiegeln.
9. Verliere Dich nicht in Einzelheiten, sondern erleuchte die Zusammenhänge. Du sollst Deine Urlauber nie langweilen.
10. Sei sportlich: Mache Jagd auf Vorurteile.
11. Beachte: Die aufregendste Sehenswürdigkeit für Menschen ist immer noch der Mensch.
12. Merke: Studienreisen sind in. Aber 'klassische' Wissensvermittlung ist out." (Müllenmeister zit. n. Finger und Gayler 2003, S. 142 f).

5.3.3.5 Abenteuer

Die Sehnsucht des Menschen nach Abenteuer resultiert aus der geordneten und rational strukturierten Alltagswelt. Im zivilisierten Leben existieren kaum Räume des Abenteuers und der Herausforderung. Die Animation schenkt diesem Bedürfnis Aufmerksamkeit. Für die Umsetzung von Abenteuerprogram-men können drei Elemente behilflich sein: Die *Abwechslung* impliziert das Ungewöhnliche, Elementare und Unerwartete. Die Situationen sollten ferner eine *Herausforderung* mit einem Schwierigkeitsgrad einschließen. Auf der emotionalen Ebene sollte dieser Bereich eine *„Romantik der Regression"* (Finger & Gayler 2003, S. 162), Naturverbundenheit und das Gefühl des simplen Lebens erzeugen.

Ziel solcher Programme ist „...die Erweiterung der Urlaubsmöglichkeiten, die Verstärkung der Erlebnisintensität und damit die Erhöhung des Urlaubswertes" (dies. S. 163). Dabei muss jedoch nicht die Gefahr der zentrale Aspekt dieses Animationsbereichs sein. Es genügt bereits eine elementare, scheinbar improvisierte Situation zu schaffen, die dennoch eine Herausforderung darstellt, wie z.B. Übernachtung am Strand oder eine Nachtwanderung. Im Hintergrund bedürfen Abenteuerprogramme eines großen Maßes an Organisation und Vorbereitung um jegliche Risiken auszuschließen (dies.).

Das Element der Herausforderung wurde bereits im Zusammenhang der Erlebnispädagogik (Kap. 5.1) und des Flow-Erlebens (Kap. 4.3) thematisiert. Hier ist das Abenteuer das Ziel. Abhängig von der Art der Gästeführung kann dieses Element im Fokus stehen. Es kann jedoch auch als ergänzender Programmpunkt eingebaut werden, wie z.B. die Erkundung von Burgruinen oder die Zubereitung eines Snacks am Lagerfeuer. Es kann davon ausgegangen werden, dass spannende, aktive und unerwartete Momente jede Gästeführung um den Erlebniswert bereichern. Es kommt nur darauf an, dass sie zielgruppenentsprechend aufbereitet sind, der Effekt erwünscht ist und die Teilnehmer nicht überfordert werden, da Frustration entstehen kann (Kap. 4.2).

5.3.3.6 Ruhe und Besinnung

In Anbetracht des hektischen, von Stress geprägten Alltags, hat Ruhe und Besinnung in der Freizeit einen großen Stellenwert. Zunehmend rücken Urlaubserwartungen in den Vordergrund, die sich durch den Wunsch ausdrücken, mehr Zeit für sich selbst und den Partner zu haben. „Langsamkeit könnte eine neue Kultur der Muße begründen und neue Formen der Kreativität auf den Weg bringen" (Finger & Gayler 2003, S. 167). Dieses Umdenken wird gegenwärtig durch den Begriff *Wellness* deutlich.

Ruhe soll deshalb zu einem Bestandteil der Animation werden. Sie kann sich in Situationen, wie z.B. Yoga-Kursen, kreativem Tun, Musikhören, Bootsfahrten und Lesungen einstellen. Die Wirkung erfüllt sich allerdings nur, wenn eine Atmosphäre von Gelassenheit und emotionale Werte vermittelt werden. Folglich stehen Erlebnisse der Stille, der Romantik und das Gemeinschaftserlebnis im Mittelpunkt. Auch in diesem Bereich spielt die Wahrnehmung eine große Rolle. Die Beobachtungsgabe soll geschärft werden und geistige Anregung stattfinden (vgl. dies.).

Die Zielsetzung dieses Bereichs formulieren die Autoren wie folgt: "Die Vielfalt der Umwelt mit offenen Augen zu genießen, den Mitmenschen und seine Gedanken in einem ruhigen Gespräch zu erleben, das Entdecken der eigenen Fähigkeiten, mit bestimmten Materialien umzugehen und kreativ zu sein, stellen eine Erhöhung des Urlaubserlebnisses dar und eine Intensivierung des persönlichen Bezugs zu verschiedenen Dingen und anderen Personen, die eigene Person eingeschlossenen" (Finger & Gayler 2003, S. 170).

Ruhe und Muße können in der Erlebnis-Gästeführung in der didaktischen Zielsetzung verankert werden. Es können bewusst ruhefördernde Elemente eingebaut werden, wie z.B. langsames Fahrradfahren durch eine angenehme Landschaft oder ein inspirierender Aufenthalt in einem Tempel. Dieses genussvolle Erleben der Ruhe und der Besinnung entspricht einer emotionalen Stimmungslage zwischen Lust und Ruhe (vgl. Segment B, Kap. 4.2). Andererseits sollte Ruhe im Sinne von Pausen zugunsten der Reflexion im Hinblick auf Erlebnisentwicklung eingeplant werden (Kap. 4.1.2; 4.3).

5.3.4 Erkenntnisse für die Erlebnis-Gästeführung

Sowohl die Gästeführung als auch die Animation haben sozial-kommunikative Effekte zum Ziel. Zwecks einer hohen Zufriedenheit sollen die Teilnehmer begeistert und zum Aktivsein anregt werden. Insofern ist der Gästeführer gleichzeitig auch Animateur.

Orientiert sich die Gästeführung an den Bereichen der Animation (Bewegung, Gesel-ligkeit, kreatives Tun, Eindrücke/Entdecken/Erleben, Abenteuer und Ruhe) eröffnet sich meiner Ansicht nach ein breites Erlebnisspektrum. Begründen lässt sich dies in-sofern, da die Bereiche die Bedürfnisse und Motive von Urlaubern widerspiegeln. Je mehr Bedürfnisse Erfüllung finden, desto zufriedener ist der Gast. Ferner stellt die Er-lebnisvermittlung, als zentrales Anliegen der Erlebnis-Gästeführung und der Anima-tion, eine Brücke zwischen beiden Disziplinen her.

5.4 Beispiele und Ansätze erlebnisorientierter Gästeführungen

In der Praxis bestehen bereits Ansätze und Beispiele außergewöhnlicher und erleb-nisorientierter Gästeführungen. Sie werden im Folgenden beschrieben und sollen Auf-schluss geben, wie Erlebnisvermittlung in der Realität umgesetzt wird.

5.4.1 Das Konzept Stattreisen

Das Konzept *Stattreisen* wurde 1983 entwickelt und besteht in mehreren Städten (z.B. Berlin, Hamburg, Köln, München, Wien, Bern). Es hat zum Ziel „... die Stadt und ihre Umgebung entziffern zu lernen. Es sollen Einblicke in historische, kulturelle, politische, wirtschaftliche und soziale Bedingungen des Stadtgefüges vermittelt werden" (Nahrstedt et al. 1994, S. 135). Die Inhalte sind vielfältig, und reichen von der Archi-tektur, Alltagsgeschichte, Historie, Frauen- Kriminalgeschichten bis hin zur Gegenwart und ökologischen Themen (vgl. dies.). Ähnlich wie *City-Bound* fördert *Stattreisen* in-tensive Einblicke in das Stadtleben und richtet sich sowohl an Besucher als auch an Bewohner der Stadt.

Das Konzept möchte ein Freizeit-Bildungsangebot schaffen, dass Informationen mit Erlebnissen und Unterhaltung verbindet. Es erfolgt eine freizeitgemäße Vermittlung des exemplarischen Lernens[23] über „konkrete Erfahrung, über sinnliche Wahrneh-mung und im Wechsel von Konzentration und Entspannung..." (Nahrstedt et al 1994, S. 139). Durch die „...thematische Eingrenzung, durch den indirekten Bezug zur eige-nen Lebensumwelt und durch die konkrete Erfahrung am Objekt..." (ebd.) können Zu-sammenhänge verdeutlicht werden.

---

[23] Exemplarisches Lernen und Lehren: „ein Lehren und Lernen, das nicht auf Vollständigkeit ausgeht, sondern bewußt Schwer-punkte setzt. Dabei kommt es entscheidend auf die geschickte Auswahl von Beispielen, Modellen und dergleichen an..." (Meyers kleines Lexikon Pädagogik 1988, S. 140).

Nahrstedt et al. haben mehrere Stattreise-Rundgänge untersucht. Die Autoren sehen einen deutlichen Unterschied zu klassischen Gästeführungen darin, dass das Erkunden und Entdecken mit dem Gewinn neuer „An- und Einsichten" (1994, S. 142) verbunden ist und eine thematische und/oder räumliche Eingrenzung statt findet. Des weiteren wird ein neuer, ungewohnter Blickwinkel vermittelt, der den Teilnehmern Informationen bietet, die vielseitig in Zusammenhänge gebracht werden können. Zusammenfassend betrachtet, fördert Stattreisen eine Auseinandersetzung mit Lebensinhalten (z.B. durch Themen zum Wohnumfeld, Frauen, Ökologie) und erhofft somit, eine Persönlichkeitsentwicklung beim Publikum zu erreichen.

5.4.2 Das Modell der Spurensuche

Die Spurensuche nach Isenberg ist ein Modell zur Umwelterkundung. Dabei wird die Umwelt nach Spuren abgesucht. Sie werden durch sinnliche Eindrücke wahrgenommen und sollen zu einem Verständnis für die fremde Region führen. Spuren können wahrgenommenen Zeichen der Umwelt sein, z.B. Flora, Fauna, Architektur, Plakatwerbung, Denkmäler und Verkehrsmittel und können wirtschaftlicher, sozialer, kultureller und ökologischer Natur sein (vgl. Isenberg 1991, Finger & Gayler 2003).

Die Spurensuche nach Isenberg soll die Urlauber anregen, sich mit ihrer Urlaubsdestination zu beschäftigen. Eine intensive Auseinandersetzung und die Dekodierung der wahrgenommenen Eindrücke mit Hilfe eines Gästeführers können zu Lernprozessen führen. Hervorzuheben ist bei dieser Methode, dass sie sich auf die individuelle Wahrnehmung aufgrund persönlicher Interessen und Vorlieben der Gäste stützt. Es ist eine Methode, die bei Erlebnis-Gästeführungen eingesetzt werden kann, da „...sie [sich] nur an der Erlebniswelt der Reisenden orientiert" (Isenberg 1991, S. 227). Ferner kann das Modell dazu beitragen, individuelle Wahrnehmungsmuster zu erweitern (vgl. ders.).

Das Modell der Spurensuche könnte beispielsweise wie folgt in eine Gästeführung eingebaut werden: Teilnehmer einer Führung in Bremen erkunden zunächst selbstständig die historische und künstlerisch gestaltete Böttcherstrasse. Nachdem sich die Gruppe zusammengefunden hat, schildern die Teilnehmer, was ihnen aufgefallen ist. Wahrscheinlich werden unterschiedliche Details wahrgenommen. Anschließend findet eine gemeinsame Interpretation statt, Vermutungen und Erklärungen werden angestellt. Vielleicht kann sich die Gruppe die Hintergründe selbst erschließen, vielleicht bedarf es der Hilfe des Gästeführers. Der Gästeführer kann weitere interessante Anekdoten und Informationen bieten, die auf ein erhöhtes Interesse, aufgrund der eigenständigen Spurensuche, treffen.

5.4.3 Historix-Tours[24]

Historix-Tours in Freiburg veranstaltet ca. 25 unterschiedliche Touren, die zum Großteil als erlebnisorientiert bezeichnet werden können. Die Führungen zeichnen sich dadurch aus, dass sie versuchen Stadtgeschichte und allgemeine Geschichte lebendig und unterhaltsam zu vermitteln; sie erlebbar zu machen. Nach Auskunft von Hartmut Stiller, dem Begründer von *Historix-Tours*, soll: „Der Kunde ... sich in eine andere Welt, eine andere Zeit versetzt fühlen, soll das 'Drumherum' vergessen und praktisch eine 'Reise' in die Vergangenheit unternehmen. Neben der Wissensvermittlung steht die Unterhaltung mit im Vordergrund, der Kunde erlebt die Geschichten und damit die Geschichte im Idealfall selbst" (Stiller, schriftliche Auskunft vom 12.02.2004).

Methodisch wird der Erlebnisaspekt durch den Einsatz von Schauspielern umgesetzt. Die Figuren erzählen eine Geschichte und stehen den Teilnehmern als Protagonisten real gegenüber. Mimik und Stimme der Schauspieler sowie die Atmosphäre sollen die Spannung der Geschichten unterstützen. Generell ähneln die Führungen einer Theateraufführung. Um den Erlebniseindruck nicht zu unterbrechen, wird versucht, auf Fragen erst zum Schluss einzugehen, wobei die Schauspieler weiterhin in ihrer Rolle bleiben. Gebäude und Schauplätze der Stadt wirken im Sinne der Geschichte. Medien, wie z.B. übergroße Schautafeln und Pläne, sollen schwierige geschichtliche Vorgänge veranschaulichen. Zwecks Auflockerung und Motivation wird das Prinzip der Rhythmisierung angewendet, wobei sich im Ablauf unterhaltsame und anspruchsvolle Phasen abwechseln. Für ein besseres Verständnis wird der erzählte Text dramaturgisch und inhaltlich aufbereitet. Wichtige Informationen werden wiederholt. Die Geschichten beschränken sich auf das Wesentliche und sollen Aha-Effekte vermitteln. Letztendlich soll das Publikum in Erstaunen versetzt werden, es soll Interesse und Neugierde geweckt werden.

---

[24] Die Informationen stammen aus einer schriftlichen Auskunft vom 12.02.2004, von Herrn Hartmut Stiller, dem Begründer und Geschäftsführer von *Historix-Tours*. Das Unternehmen konzipiert und veranstaltet seit 1998 Gästeführungen. Herr Stiller erklärte sein Einverständnis zur Verwendung seiner Aussage in der vorliegenden Arbeit.

Die Führungen von Historix lassen sich in verschiedene Erlebnisgrade einstufen, wobei die Führungen „Geister, Spuk und weiße Frauen", „Flüche, Mythen, Schreckgestalten" oder „Kriege, Flüche, Schlossgespenster" den größten Erlebniswert besitzen, da gleich mehrere Schauspieler während der gesamten Tour auftreten. Im Rahmen einer Freizeitgestaltung räumt Stiller den Erlebnisgästeführungen von Historix einen ähnlichen Stellenwert ein wie Theater- oder Kinobesuchen, der auf eine hohe Besucherfrequenz am Samstagabend, auch von einheimischen Gästen, zurück zu führen ist.

5.5 Zusammenfassung

Dieses Kapitel befasste sich mit pädagogisch orientierten Aspekten verschiedener Art. Die Erlebnispädagogik, die Theorie des erlebnisorientierten Lernens sowie die Theorie der Animation lieferten einerseits neue Erkenntnisse, andererseits bestätigten sie bereits gewonnene, wie beispielsweise die Reflexion.

Meines Erachtens war diese Thematisierung notwendig, da speziell die Erlebnis-Gästeführung bisher noch keine Theorie besitzt. Vor diesem Hintergrund musste z.B. geklärt werden, ob die erlebnisorientierte Gästeführung Lernpotenzial besitzt, welche Animationsfelder zur Verfügung stehen und welch wichtige Bedeutung *Herausforderung* und *Aktivität* einnehmen. Auch dieses Kapitel konnte die Erlebnis-Gästeführung wieder im Licht des *kommunikativen Tourismus* nach Nahrstedt beleuchten (Kap. 3.3). Parallelen zeigen sich jedoch nur, wenn die Gästeführung inhaltlich im Zusammenhang mit den hier thematisierten Theorien und Erkenntnissen begriffen wird.

6. Begriffsbestimmung der erlebnisorientierten Gästeführung

Bevor der Kriterienkatalog zur Umsetzung des Erlebnisaspektes präsentiert wird, werden die Ergebnisse der bisher dargestellten Theorien zugunsten einer Definition der erlebnisorientierten Gästeführung komprimiert.

6.1 Inhaltliche Eingrenzung

Angesichts der theoretischen Erkenntnisse wird erkennbar, dass die erlebnisorientierte Gästeführung sowohl Bildungs- als auch Unterhaltungsaspekte enthält. Dabei werden beide Aspekte von der Erlebnisorientierung erfasst, der Bildungsaspekt bleibt nicht außen vor.

Wenn von Unterhaltungsaspekt die Rede ist, dann ist damit die Erlebnisdimension gemeint. Entsprechend der Diskussion im Theorieteil dieser Arbeit umfasst die Erlebnisdimension neben der Schaffung von Besonderheiten und außergewöhnlichen Effekten vielmehr einen sozial-kommunikativen Prozess. Erleben heißt, sich und andere erleben, Kontakte knüpfen, sich wohl fühlen. Ferner bedeutet es, Emotionen zu erleben, sinnlich neue Eindrücke zu gewinnen, staunen, in Geschichten eintauchen und Atmosphären genießen. Eindeutig ist die Erlebnis-Gästeführung ein Teil des Erlebnismarktes und sollte sich dessen bewusst sein, dass sie aufgrund einer Erlebnisrationalität von den Konsumenten ausgewählt wird, um im Kontext der innenorientierten Lebensauffassung zu einer Selbstverwirklichung der Individuen beizutragen.

Auch der Bildungsaspekt impliziert eine gezielte erlebnisorientierte Wissensvermittlung. Erlebnisorientiertes Lernen sollte als didaktisches Ziel im Konzept verankert werden. Es muss ein Erfahrungsraum geboten werden, in dem ein subjektiver Annährungsprozess an die Materie erfolgen kann, zugunsten persönlicher und nachhaltiger Erfahrungen. Idealerweise sollten die Unterhaltungsaspekte so gestaltet werden, dass sie mit dem Bildungsanspruch eine Einheit bilden, im Sinne eines Lernens durch Emotionen und Erlebnisse (Kap. 5.2). Das heißt, dass eine „spontane emotionale 'Objekt' –Erfassung ...mit kognitiven Elementen" (vgl. Schlosser 1993, Kap. 2.5) verbunden werden muss. Wird dieser Anspruch erfüllt, kann die Erlebnis-Gästeführung als ein erlebnisorientierter Lernort bezeichnet werden. Sie kann somit als ein *freizeitorientierter Bildungsort* (Nahrstedt 1994) verstanden werden, der informelles Lernen fördert.

Die Erlebnis-Gästeführung muss demnach beiden Dimensionen gerecht werden. Insbesondere durch die Erfüllung des Bildungsaspektes auf kultureller Ebene[25], indem das Erlebnis als Medium genutzt wird, ganzheitliches Lernen einleitet, und zur Selbstreflexion der Teilnehmer angeregt, erhöht sich der qualitative Anspruch, und die Erlebnis-Gästeführung stellt sich im Licht des kommunikativen Tourismus nach Nahrstedt dar.

Zusammengefasst ist das Ergebnis, dass es einer interdisziplinären Planung von Erlebnis-Gäste-führungen bedarf. Soziologische, psychologische sowie (erlebnis-) pädagogische Erkenntnisse spielen eine wichtige Rolle und müssen impliziert werden. Somit ergibt sich eine interdisziplinäre Methodenvielfalt, die Schlosser für individuelle Erlebnisse erforderlich findet (Kap. 2.5). Nur so können die hohen und vielschichtigen Anforderungen an Erlebnisprodukte erfüllt werden, und es kann verhindert werden, dass das Erlebnis zu einer gehaltlosen Hülle wird.

6.2 Definition

Aus der obigen inhaltlichen Eingrenzung kann eine Definition der erlebnisorientierten Gästeführung formuliert werden:

Die erlebnisorientierte Gästeführung ist ein Angebot des Erlebnismarktes. Im Mittelpunkt steht der Gedanke, innengeleitete Konsumentenwünsche zugunsten einer Selbstverwirklichung zu befriedigen. Die Erlebnis-Gästeführung inszeniert und dynamisiert ihre Inhalte und bietet aufgrund dessen mehr als eine zusammenhangslose Besichtigung aneinandergereihter Sehenswürdigkeiten. Sie vermittelt ihrem Publikum emotional geprägte, sozial-kommunikative, sinnliche Eindrücke. Die Wissensvermittlung geschieht auf unterhaltsame Weise und impliziert ein erlebnisorientiertes Lernen, das die Führung zu einem erlebnisorientierten Lernort macht und im Sinne eines kommunikativen Tourismus fungiert. Der Erlebnisaspekt wird mittels einer interdisziplinären Planung auf didaktischer und methodischer Ebene strategisch umgesetzt. Darüber hinaus ist die erlebnisorientierte Gästeführung ein Marketinginstrument. Durch standortbezogene, erlebnisstrategisch aufbereitete Inhalte entsteht ein Alleinstellungsmerkmal, das zu Wettbewerbsvorteilen führen kann.

---

[25] Kulturelle Inhalte bilden den Schwerpunkt bei Gästeführungen (vgl. Schmeer-Sturm 1993).

7. Kriterien für die Gestaltung und Bewertung des Erlebnisaspektes

In diesem Kapitel werden die ausgearbeiteten Kriterien für die Umsetzung und Bewertung des Erlebnisaspektes bei erlebnisorientierten Gästeführungen dargestellt. Sie sollen als eine Hilfestellung zur Umsetzung des Erlebnisaspektes, gewissermaßen als eine Gestaltungsanleitung verstanden werden. Die Kriterien sind auf die Erkenntnisse des gesamten theoretischen Teils der Arbeit (Kapitel 2 bis 5) zurückzuführen. Jedes Kapitel wurde bereits in einer Zusammenfassung im Hinblick auf die erlebnisorientierte Gästeführung konkretisiert. Des weiteren wurde eine erforderliche theoretische Auseinandersetzung, hinsichtlich der Bedeutung und Übertragbarkeit auf die Gästeführung, in jedem Kapitel bereits vollzogen.

Aus diesem Grund ist eine erneute ausführliche Begründung zu den jeweiligen Kriterien unnötig und würde zu unerwünschten Wiederholungen führen. Zur Begründung soll kurz eine Verbindung zu bereits thematisierten Theorien hergestellt werden[26]. Ferner werden prägnante Schlagworte genutzt, die eindeutig einen Bezug zum diskutierten Hintergrund aufweisen. Kriterien, denen in dieser Arbeit kein theoretischer Hintergrund geboten wurde, werden ausführlich begründet. Letztendlich soll jedes Kriterium schlüssig und fundiert sein. Es muss darauf hingewiesen werden, dass inhaltliche Überschneidungen zwischen den Kriterien bestehen. Sie ergeben sich aus der vielseitigen methodischen Anwendbarkeit und mehrschichtigem Verständnis.

7.1 Didaktische Kriterien

Erlebnisorientierte Gästeführungen bedürfen einer Gesamtplanung auf konzeptioneller und didaktischer Ebene. Das Konzept muss die Erlebnisvermittlung sowohl didaktisch als auch inhaltlich in ihrer Zielsetzung verankern. Dies bietet eine Ausgangslage für die Auswahl der Ziele, Inhalte und Methoden.

Kriterien 1 bis 8 formulieren grundlegende Überlegungen im Hinblick auf die Umsetzung von Erlebnissen (didaktische Ziele, Wirkung, Bewusstsein für innenorientierte Bedürfnisse, Rolle des Gästeführers usw.). Die Kriterien 9 bis 13 hingegen beschreiben übergeordnete Erlebnisbereiche (Geselligkeit, Aktivität, Ruhe und Muße usw.), die in der Gästeführung zur Umsetzung der Erlebnisvermittlung verankert und abgedeckt

---

[26] Für ein besseres und umfassendes Verständnis muss darauf hingewiesen werden, dass die Kriterien einen zusammenfassenden Charakter besitzen. Die ausführliche Auseinadersetzung befindet sich in den jeweiligen Kapiteln des Theorieteils der Arbeit.

werden sollten. Die Erlebnisbereiche wurden aus der Animation (Kap. 5.3) abgeleitet, da sie Urlaubsbedürfnisse darstellen und ein Erlebnispotenzial in sich bergen.

7.1.1 Erlebnisvermittlung als didaktisches Ziel

Abgeleitet von Schulze (1992) (Kap. 3.1.3) handelt es sich bei dem Tourismus- und Freizeitmarkt um einen Erlebnismarkt, auf dem Erlebnisanbieter sich nach den Wünschen der Konsumenten richten müssen. Folglich sollte der Schwerpunkt einer erlebnisorientierten Gästeführung bei der Erlebnisvermittlung liegen. Dies muss auf zwei Ebenen verstanden werden: Erstens sollen Erlebnisse zum Zweck der Befriedigung innenorientierter Bedürfnisse (Kap. 3.1.1) vermittelt werden, zweitens soll Wissens- und Informationsvermittlung durch erlebnisorientiertes Lernen geschehen (Kap. 5.2). Dafür müssen Erfahrungsräume geboten werden, die einen kreativen und individuellen Zugang laut Schlosser 1993 ermöglichen (Kap. 2.5)

Generell muss ein Bewusstsein dafür existieren, dass Informationen erlebnisrational vermittelt werden können, durch eine Verbindung emotionaler, aktionaler und kognitiver Lernprozesse (Kap. 2.5; 5.1; 5.2). Das erlebnisorientierte Lernen muss deshalb ein didaktisches Ziel formulieren.

7.1.2 Inszenierung

Die Inszenierung ist für viele Autoren der Schlüsselbegriff für die Gestaltung von Erlebnisangeboten (Kap. 3.2.2.2). Angelehnt an Wachter (2001) bedeutet Inszenierung ein bewusstes Gestalten und Revitalisieren des touristischen Angebots, und ist Bestandteil des Attraktivitätsmanagements. Attraktionen werden durch Inszenierung erlebbar und thematisch erfahrbar (Kap. 3.2.2.1). Nahrstedt et al. (1994) betrachten die Inszenierung aus einem anderen Blickwinkel, und erkennen sie als Instrument einer attraktiven pädagogischen Gestaltung von Lernorten zugunsten freizeitorientierter Bildung.

Die Planer von Erlebnis-Gästeführungen sollten demnach ein Bewusstsein dafür haben, dass die Gästeführung ein enormes Potenzial besitzt, den Erlebniswert einer touristischen Destination publik zu machen. Dabei soll Inszenierung nicht als etwas Negatives und Aufgesetztes verstanden werden. Ganz im Gegenteil setzt die Gästeführung real vorhandene Infrastruktur, regionaltypische Besonderheiten und (vergessene)

Sehenswürdigkeiten (wieder) ins rechte Licht. Das Kriterium der Inszenierung gehört demnach in den Fokus der Verantwortlichen und sollte bei der inhaltlichen Gestaltung als ein übergeordnetes Ziel verstanden werden.

7.1.3 Thematisierung

Zugunsten einer Inszenierung bedarf es einer übergeordneten Thematik. Die Thematik der Erlebnis-Gästeführung muss jedoch auf ihr Erlebnispotenzial hin analysiert werden. Dieses Kriterium lehnt sich u.a. an die Darlegungen des Kap. 3.2 an, das sich hauptsächlich mit dem Bedürfnis nach Urlaubsangeboten mit einer „Zusatzleistung mit hohem emotionalem Wert" (Steinecke 1997, S.9) beschäftigt, wie Steinecke treffend formuliert.

Die Gästeführung muss demnach eine emotionsgeladene Thematik ihr eigen nennen, um als Bestandteil eines Erlebnisangebots zu gelten (Kap. 3.2.2). Die gewählte Thematik sollte laut Wachter (2001) (Kap. 3.2.2.2) inszenierungsfähig sein: emotional zugänglich, einmalig und attraktiv, sowie eine Atmosphäre in sich bergen. Insbesondere soll die gewählte Thematik einen Bezug zur Destination aufweisen.

Eine Thematisierung entspricht ebenso einem, von Opaschowski (2002a) (Kap. 3.2.1) geforderten, Nischenmarketing. Im Gegensatz zu allgemeinen und themenübergreifenden Besichtigungen besitzen themenspezifische Führungen mehr erlebnisrationales Potenzial. Dies lässt sich mit Wachter (2001) begründen, der die Thematisierung als Methode zur Erlebnisvermittlung durch ein Eintauchen in eine neue Welt sieht. Ferner kann davon ausgegangen werden, dass spezielle Themen interessierte Zielgruppen ansprechen, die sich mit der Thematik identifizieren. Eine Identifikation mit einer Thematik wiederum fördert Flow-Zustände (Kap. 4.3) und begünstigt erlebnisorientiertes Lernen (Kap. 5.2).

7.1.4 Dynamisierung

Die Dynamisierung von Inhalten und Geschichten ist als ein Gesamteffekt der Inszenierung und Thematisierung zu betrachten. Dabei werden Inhalte dynamisiert und animiert (vgl. Wachter 2001). Das heißt, dass touristische Sehenswürdigkeiten, die vorher voneinander gesondert präsentiert wurden, nun in einer thematischen Verbindung zueinander stehen. Eine Geschichte ummantelt sie und haucht ihnen Leben ein. Dem

Publikum wird auf diese Weise ein emotionaler Zugang zum Thema verschafft, der gleichzeitig ein Eintauchen in eine andere Welt ermöglicht (vgl. Wachter 2001). Die Dynamisierung unterstützt nach Wachter eine unterhaltsame und erlebnisvolle Wissensvermittlung. Ein wirtschaftlicher Effekt der Dynamisierung ist eine Imagepositionierung der Destination (ders.).

7.1.5 Objektwahl zur Verstärkung des Erlebniswertes

Die Auswahl der Sehenswürdigkeiten und Standorte sollte so erfolgen, dass sie die ausgewählte Thematik im Erlebniswert verstärkt. Den Objekten sollte eine Atmosphäre innewohnen. Sie sollten als Schauplätze des Storytelling dienen, da sie die Geschichte authentisch erfahrbar machen (Kap. 3.2.2.2). Dieses Kriterium spielt im Sinne einer ganzheitlichen Inszenierung eine bedeutende Rolle.

Die Einbettung der örtlichen Sehenswürdigkeiten in eine Erlebnis-Gästeführung hat äußerst positive Effekte. Laut Wachter (Kap. 3.2.2.2) können sie durch den gesteigerten Erlebniswert neu positioniert werden und an neuer touristischer Anziehungskraft gewinnen.

7.1.6 Einhaltung eines roten Fadens

Den *roten Faden* (Kap. 3.2.2.2) einer Erlebnis-Führung sollte die erzählte Geschichte widerspiegeln. Sie stellt eine optimale Möglichkeit dar, um einen Spannungsbogen zu kreieren (Kriterium Dramaturgie Kap. 7.2.3). Basiert die Führung nicht auf einer einheitlichen Geschichte, sollte der rote Faden auf einer anderen Ebene verlaufen, die sich aus der übergeordneten Thematik ableiten lässt (z.B. Verkehrsmittel der Jahrhundertwende, Verlauf einer landschaftlichen Atmosphäre entlang eines Flusses, das Leben der Torfkahnfahrer usw.). Auch dieses Kriterium wirkt zugunsten einer Inszenierung der Gästeführung.

Innerhalb der Theorie der klassischen Gästeführung weisen Schmeer-Sturm (1996, 1997) und Günter (1991) (Kap. 2.3) auf die Bedeutung von thematischen Zusammenhängen zugunsten von Lernerfolgen hin. Dies trifft ebenso auf die Erlebnis-Führung zu, da sie neben der Erlebnisvermittlung Informationsvermittlung anstrebt.

7.1.7 Motivbündelung

Steinecke (1997) und Opaschowski (2002a; 1995) (Kap. 3.2.1) beschreiben den modernen Touristen der Gegenwart: einen hohen Anspruch stellen sie an touristische Angebote, denen die Tourismusakteure mit Motivbündelung entgegen kommen sollten. Vor diesem Hintergrund müssen Gästeführungen, dem Zeitgeist entsprechend vielschichtig ansprechend wirken. Das heißt, dass neben dem Erlebniswert auch sinnliche Erfahrungen, neue Eindrücke, Exklusivität und Erholung erfüllt werden sollen (vgl. Steinecke 1997, S. 10f). Die Motivbündelung spiegelt sich auch in den Animationsbereichen, Geselligkeit, Kreativität, Bewegung, Entdecken/Eindrücke/Erleben, Ruhe, Abenteuer, wider.

7.1.8 Der Gästeführer als Erlebnisgefährte

Der Gästeführer muss den Teilnehmern als ein Erlebnisgefährte begegnen (vgl. Kap. 4.4; Plöhn 1998, Kap. 4.3.4; Finger & Gayler 2003, Kap. 5.3). Anstatt sich größtenteils auf die Informationsvermittlung zu beschränken, wie in der klassischen Gästeführung, nimmt er eine breit gefächerte Stellung ein. Er muss die Methoden der Erlebnisvermittlung mittragen, sollte von seiner Tätigkeit überzeugt und imstande sein, die Gäste zu begeistern und eine Gefühlsansteckung zu provozieren. Der Gästeführer, dessen Persönlichkeit Enthusiasmus, Engagement und Lebensfreude ausstrahlen sollte, trägt wesentlich zum Erfolg der Erlebnis-Führung bei. Folglich soll er nicht nur *führen* sondern auch *animieren*, „...soll die Besucher in Stimmung bringen, faszinieren und begeistern" (Opaschowski 1995, S. 155).

7.1.9 Geselligkeit

Die Geselligkeit ist ein zentrales Urlaubsbedürfnis und bildet einen Erlebnisbereich der Animation (Kap. 5.3.3.2). Opaschowski (2000b, S. 49) verdeutlicht, dass die soziale Komponente (soziale Geborgenheit und gemeinsame Freude) ein Fundament der heutigen Erlebniskultur bildet. Daraus wird ein Kriterium für die Erlebnis-Führung abgeleitet. Der Kontakt zu anderen Menschen ist für die Entstehung von Erlebnissen erheblich. Durch Gespräche und gruppendynamische Prozesse (Reflexion) werden Erfahrungen zu Erlebnissen (vgl. Schulze 1992, Kap. 4.1.2; Schlosser 1993, Kap. 2.5). Dieses Kriterium lässt sich mit den Kriterien der Aktivität, Kommunikation und Kreativität realisieren.

7.1.10 Aktivität

Dieses Kriterium spielt für die erlebnisorientierte Führung eine herausragende Rolle. Im Vergleich zu der klassischen Gästeführung, die das Prinzip der Aktivierung (vgl. Schmeer-Sturm 1996, Kap. 2.4.2) wesentlich durch Tätigkeitswechsel zur Erhöhung der Spannung und der Aufnahmebereitschaft realisiert, gewinnt die Aktivität in der Erlebnis-Gästeführung an Bedeutung und Wirkung. Dies lässt sich vielfach begründen.

- Erstens wirkt ein Tätigkeitswechsel innerhalb einer Führung stark motivierend (Kap. 2.4.2)
- Zweitens trägt Eigenaktivität zu eigenständigen Erfahrungen und Erlebnissen bei (Kap. 2.5, Kap. 5.1)
- Drittens bietet es eine Plattform für Flow-Erlebnisse (Kap. 4.3).
- Viertens wird eine Spannung aufgebaut (Kap. 2.4.2; Wachter 2001, Kap. 3.2.2.2).
- Fünftens wirkt es sich außerordentlich effektiv auf erlebnisorientiertes Lernen[27] (Kap. 5.1, Kap. 5.2, Kap. 2.5) aus.

Das Kriterium kann auf vielfache Weise umgesetzt werden. Auf spielerische Art, geistiger und körperlicher Ebene, z. B. durch Fortbewegung auf besondere Weise, wie Pferdekutschen oder Fahrräder. Die körperliche Aktivität unterstreicht insbesondere das boitische Erleben nach Schober (1993a) (Kap. 4.2).

7.1.11 Kreativität

Aktivität und die Kreativität stehen in Wechselwirkung zueinander. Kreatives Tun kann durchaus nur im geistigen Sinne stattfinden. Finger und Gayler (2003, Kap. 5.3.3.3) sind der Meinung, dass die Kreativität eine wichtige Erlebnisdimension erfüllt. Sie stimuliert die Phantasie und sorgt für geistige Entspannung.

Wie bereits erläutert, fördert kreatives Tun das erlebnisorientierte Lernen (Kap. 2.5), insbesondere wenn die aktionale und die emotionale Ebene angesprochen werden. Auch ist dieses Kriterium für die Entstehung von Flow-Zuständen enorm wichtig (Kap. 4.3). Die kreativitätsfördernden Tätigkeiten dürfen jedoch nicht zu anspruchsvoll sein und müssen einen herausfordernden Charakter besitzen. Dieses Kriterium kann

---

[27] „In langjährigen Untersuchungen erwies es sich, daß wir nur 20 % dessen, was wir hören, 30 % dessen, was wir sehen, aber 90 % dessen, was wir selbst getan haben, langfristig in unserem Gedächtnis behalten" (Schmeer-Sturm 1996, S. 90 in Anlehnung an die Untersuchung in Schrob und Simmerding 1977, S. 23).

beispielsweise anhand einer eigenen Herstellung eines Souvenirs mit historischen Techniken umgesetzt werden.

7.1.12 Abenteuer

Dieses Kriterium kann eine Rolle spielen, ist jedoch nicht in jeder Gästeführung erfüllbar. Es kann jedoch in Spezial-Führungen einen Schwerpunkt bilden (z.B. bei Landschaftserkundungen). Das Abenteuer (Kap. 5.3.3.5) besitzt ein hohes Erlebnispotenzial, dem weiterführende Lernziele und Gruppendynamiken folgen können (Kap. 5.1). Das Kriterium des Abenteuers kann durch Naturverbundenheit und elementare Situationen erzielt werden. Um das Gefühl eines Abenteuers zu erleben, sollte die Gruppe eine schwierige Situation überwinden müssen. Außerdem kann eine Distanz zur Zivilisation die Authentizität verdeutlichen. Diese Aspekte wurden aus der Erlebnispädagogik abgeleitet und können ebenfalls Flow-Erlebnisse erzeugen (vgl. Csikszentmihalyi 1996, 2000, Kap. 4.3).

7.1.13 Ruhe und Muße

Der Erlebnisbereich der Ruhe und Muße erlangt seine Bedeutung angesichts des hektischen und stressgeprägten Alltags. Muße, Besinnung und Ruhe ermöglichen physische und geistige Erholung. Aufgrund dessen ist dieses Segment zu einem Wirkungsbereich der Animation geworden. Wie bereits im Kapitel 5.3.3.6 erläutert, sollte die Fähigkeit zur Muße gefördert werden.

Programmangebote der Ruhe und Muße können laut Finger und Gayler (2003, S. 170) Urlauberlebnisse verstärken. Vor diesem Hintergrund stellen sie einen Erlebnisbereich dar, der auch für die Erlebnis-Gästeführung eine Bedeutung haben kann. Das Element der Ruhe und Muße kann einerseits die gesamte Konzeption betreffen, z.B. als Nischenangebot, andererseits als Teilelement eingebaut werden, zwecks einer Entspannungsphase zugunsten der Erlebnisintensivierung (vgl. Schober 1993a, Kap. 4.2).

Programmpunkte sollten folgende Wirkungen zum Ziel haben: die Wahrnehmung für die Details und die Ästhetik der Umwelt schärfen, Genuss der Augenblicks, Entdeckung eigener Fähigkeiten, Entfaltung kreativer Kräfte und Emotionen. Ferner sollten sie den Wunsch nach geistiger Anregung, Stille, Romantik und dem Bedürfnis nach einer Intensivierung des Bezugs zum Partner und zum eigenen Ich berücksichtigen (Kap. 5.3.3.6).

7.2 Methodische Kriterien

Die folgenden Kriterien beschreiben verschiedene Methoden zur Umsetzung des Erlebniswertes und eines erlebnisorientierten Lernens. Die Kriterien wurden in zwei Bereiche aufgeteilt.

- Der erste Bereich (Kriterien 1 bis 8) bezieht sich größtenteils auf Methoden, die direkt zu einer ganzheitlichen Inszenierung und Dynamisierung von Inhalten führen.

- Der zweite Bereich (Kriterien 9 bis 15) umfasst Methoden aus der Theorie der Gästeführung. In Anlehnung an Schlosser 1993 (Kap. 2.5) wird ein Wechsel zwischen indirekten und direkten Methoden angestrebt. Darüber hinaus wurde untersucht, welche Methoden besonders eine erlebnisorientierte Wissensvermittlung fördern. Grundsätzlich sind dies Methoden, die von einem kommunikativen Führungsstil ausgehen. Sie streben eine aktive Teilnahme der Gäste an und verfolgen das Ziel eines ganzheitlichen Verständnisses (Kap. 2.5). Die theoretische Grundlage bietet hierfür Kap. 2.

7.2.1 Storytelling

Dieses Kriterium und die folgenden drei sind als direkte Methoden einer ganzheitlichen Inszenierung zu verstehen. Innerhalb des gewählten Themas sollte eine interessante und spannende Geschichte auftauchen. Storytelling ist demnach die Wiedergabe einer Geschichte, die den Erlebniswert deutlich erhöht. Vorrausgesetzt sie spricht die emotionale Ebene an, kann sie eine Identifikation und ein Hineinleben der Gäste in die Thematik ermöglichen. Eine optimale Ausgangslage für eine spannende Geschichte kann das Schicksal von Personen sein. Ferner fördert das Storytelling ein Verständnis für problematische Sachverhalte (vgl. Kagelmann 1998, Wachter 2001, Steinecke 2000, Kap. 3.2.2.2).

Wenn ein historischer Zeitabschnitt anhand von (berühmten oder erfundenen) Personen veranschaulicht wird, kann dies eine Identifizierung der Gäste und ein Eintauchen in eine neue Welt ermöglichen (vgl. Wachter 2001). Schmeer-Sturm (1996) warnt jedoch vor einer übermäßigen, kritiklosen Stilisierung von Persönlichkeiten.

7.2.2 Mythisierung

Geschichten gewinnen mittels der Mythisierung an unverwechselbarem und emotional erfahrbaren Charakter (vgl. Wachter 2001, Kap. 3.2.2.2). Wird eine touristische Destination mit einer Legende oder einem Mythos in Verbindung gebracht, kann dies zu einem Alleinstellungsmerkmal und einer wirtschaftlichen Positionierung auf dem Markt führen. Gästeführungen sollten sich nicht scheuen, eine Legende aufzugreifen und sie zu kultivieren. Der Erlebniswert steigt nach Wachter mit der Faszination für einen Mythos oder eine rätselhafte und spannende Legende.

Dieses Kriterium kann ebenfalls mit Opaschowski (2000a) begründet werden. Der Autor beschreibt die Anziehungskraft von Märchen und Phantasie auf die heutige Gesellschaft, die sich in Angeboten des Erlebnismarktes widerspiegelt. „In der Dramaturgie und Inszenierung [von] ...Erlebniswelten spielen ... Märchen, Traum, Spiel und Utopie eine große Rolle" (Opaschowski 2000a, S. 47).

7.2.3 Dramaturgie

Eine Geschichte oder ein Mythos bilden eine ideale Ausgangslage für einen dramaturgischen Ablauf. Steinecke (2000, S. 22) sieht das Potenzial eines dramaturgisch aufgearbeiteten Erlebnisangebotes darin, dass es eine Gegenwelt zum Alltag darstellt, eine Welt, wo die Suche nach etwas Besonderem und Einmaligem befriedigt werden kann.

Schauplätze einer Geschichte können thematisch so aufgearbeitet werden, dass ein Spannungsbogen entsteht. Die Dramatisierung ermöglicht eine bewusste Lenkung der Wahrnehmung und der Emotionen (Kap. 3.2.2.2). Für die Entwicklung von Erlebnissen sind darauffolgende Entspannungsphasen sehr bedeutend. Schober (1993a) beschäftigte sich mit Strategien zur Optimierung des Erlebens. Er rät zu einem bewussten Einbau von Pausen: „...nach typischen Erlebnis-Hochphasen muß eine Erholungspause, Besinnungspause, Verlangsamung kommen, die die Wirkung einer darauf folgenden erneuten Gefühlsreaktion erst ermöglicht..." (Schober 1993a, S. 139). Der Autor ist auch der Meinung, dass eine „...bewußt 'eingebaute' Verzögerung der Zielerreichung..." (ebd.) zu einer Erlebnisintensivierung führen kann. Dies kann z.B. durch den Einbau von Rätseln und Aufgaben realisiert werden.

Innerhalb der Führung sollten auch Überraschungseffekte auftauchen (vgl. Schober 1993a, Opaschowski 1995). „Die Erlebnisorientierung steigt mit dem Überraschungsreichtum, der Lebendigkeit, dem Aufregenden, der Interessantheit und dem Nichtalltäglichen" (Opaschowski 1995, S. 145). Beide Autoren weisen jedoch darauf hin, dass der Überraschungseffekt nicht zu stark sein darf. Stattdessen sollte eine Balance zwischen Spannung und Entspannung angestrebt werden (vgl. Opaschowski 1995). Pausen bekommen im Hinblick auf die Reflexion eine sehr große Bedeutung, dies wird jedoch innerhalb der psychologischen Kriterien thematisiert.

7.2.4 Exploratives Erleben

Den Anspruch, das explorative Erleben (Kap. 4.2) der Teilnehmer zu fördern, erläutert folgende Aussage: „Der Kulturtourist von heute möchte sich informieren und unterhalten. Authentische Erfahrungen werden nicht mehr nur durch das passive Besichtigen von Sehenswürdigkeiten gemacht, sondern durch das aktive Erleben. Man will nicht nur die Denkmäler vergangener Epochen sehen, man will vielmehr die Geschichten und Einzelschicksale hinter den Fassaden erkunden und selbst miterleben" (Wachter 2001, S. 133). Wachter (2001) bezeichnet dies als das *Erleben des Genius Loci*. Ferner bietet das explorative Erleben einer fremden Umgebung beste Vorraussetzungen für Flow-Erlebnisse (vgl. Anft 1993) (Kap. 4.3.4).

Das explorative Erleben entspricht der Forderung nach Schlosser (1993) (Kap. 2.5), dem Publikum eigenständige Erfahrungen zu ermöglichen. Demnach sollen Erfahrungsräume geboten werden, in denen den Teilnehmern eine „...eigenaktive und kreative Aneignung von Geschichte, Kunst, Landschaft..." (Schlosser 1993, S. 104) ermöglicht wird. Eigene erlebte Erfahrungen sollen sich dabei zu einem ganzheitlichen Verständnis entwickeln.

Die Inhalte der Erlebnis-Gästeführung sollten demnach auf eine Weise aufbereitet werden, die ein erkundendes und selbstreflektierendes Erleben der Fremde ermöglicht. Dabei sollte die Bedeutung des Erforschens des Fremden und Neuartigen stilisiert und kultiviert werden. Auch Schober (1993a, S. 139) schlägt eine Strategie hinsichtlich einer Erlebnisintensivierung durch „gezielte Information oder Hinweise oder spezielle[r] Programme ['Schule der Erlebens']" (ebd.) vor. Des weiteren sollte nach Schober eine „Erhöhung der Bedeutung des Ziels" (ebd.) erfolgen. Ferner sieht der Autor als Ausgangslage für exploratives Erleben eine „facettenreiche, vielfältige Reizsituation" (ebd.), die eine „Gefühlsansteckung (Beispiel: das ganz besondere Leben und Treiben auf einer Promenade oder in einem Festzelt" (ebd.) ermöglicht.

Die Teilnehmer sollten bewusst dazu ermuntert werden, sich aufgeschlossen und neugierig auf die Fremde einzulassen (Kap. 5.1.5). Ferner sollten ihnen die Informationen in irgendeiner Weise als eine persönliche Bereicherung erscheinen. Förderlich kann dabei sein, Bezüge zum Leben der Gäste herzustellen (Kap. 2.5; 4.3; 5.1), durch das Aufzeigen von Gegensätzlichkeiten und Ähnlichkeiten. Dieser Aspekt kann als ein Effekt zugunsten des optimierenden Erlebens (Kap. 4.2) verstanden werden, da der Gast die Erlebnis-Führung als eine persönlichkeitsbereichernde Urlaubserinnerung betrachten wird.

7.2.5 Lenkung der Wahrnehmung

Schober (1993a) beschäftigt sich ausführlich mit der gezielten Lenkung der Wahrnehmung zugunsten einer Erlebnisintensivierung und -verlängerung. Im Folgenden werden Strategien genannt, die der Autor empfiehlt. Zum einen sollte innerhalb eines gewählten Themas der Führung eine „...Sensibilisierung für andere als die zentralen Facetten und Aufmerksamkeitslenkung auf den Reiz dieser anderen Themata" (S. 139) stattfinden. Zum anderen wirkt eine „...Lenkung und Verschiebung der Aufmerksamkeit hin zu neuen Aspekten der gleichen Reizsituation [also den gezielten Hinweis, auf bestimmte, übersehene Dinge zu achten]" (ebd.) erlebnisfördernd. Hilfreich erscheint seiner Meinung nach auch die Strategie eines zeitweiligen „...Wechsel[s] zu einem anderen Thema oder eine[r] Situation [der wieder die Rückkehr zu dem eigentlichen zentralen Thema folgt]" (ebd.). Ferner sollte versucht werden „durch 'Phantasiearbeit', die Ermunterung, das Erlebte mit anderen Themen assoziativ in Verbindung zu bringen" (ebd.). Hierzu kann das Modell der Spurensuche nach Isenberg verwenden werden.

111

Auch das Beispiel City-Bound (Kap. 5.1.4) ließ erkennen, wie neue Eindrücke entstehen, wenn der Betrachter einen außergewöhnlichen Blickwinkel wählt.

7.2.6 Modell der Spurensuche

Das explorative Erleben kann sehr gut mit Hilfe von Elementen der Spurensuche nach Isenberg umgesetzt werden (vgl. Schlosser 1993). Dieses Modell wurde bereits in Kap. 5.4.2 dargestellt. Eine selbstständige Wahrnehmung von Zeichen und erste eigene Deutungsversuche, denen später eine gemeinsame Interpretation folgen sollte, fördern das erlebnisorientierte Lernen. Dies lässt sich darauf zurückführen, dass die Spurensuche nach dem eigenen Wahrnehmungsmuster, abhängig von den persönlichen Interessen erfolgt. Des weiteren funktioniert die Spurensuche durch eine Aufnahme von Sinneseindrücken, die ein selbstgesteuertes Lernen fördern können. Zusammengefasst kann Spurensuche ein weiterführendes persönliches Interesse (anhand der noch ungeklärten Zeichen) wecken. Daraus lässt sich schließen, dass die Spurensuche die Erlebnis-Gästeführung als einen erlebnisorientierten Lernort verstärken kann (Kap. 5.2).

7.2.7 Förderung der Kommunikation

Ziel dieses Kriteriums ist eine kommunikative Führung zugunsten dynamischer Gruppenprozesse (Kap. 2.4.2, Kap. 2.5). Dies soll mit einer aktiven Einbeziehung der Teilnehmer erfolgen. Es existieren verschiedene Möglichkeiten zur Umsetzung. Zunächst ist es wichtig, dass der Gästeführer mit den Teilnehmern auf einer Ebene kommuniziert und die Profilierung der eigenen Person vermeidet. Er soll nicht nur als Informationsvermittler fungieren, sondern gemeinsam mit den Teilnehmern die Inhalte erschließen. Kommunikation kann durch den Abbau von Ängsten und Hemmungen verstärkt und mit Anwendung der *didaktischen* und *rhetorischen Frage* sowie einer bewussten Anregung zu Teilnehmergesprächen (z.B. Einbau von Pausen) und Teilnehmerfragen aktiviert werden (Kap. 2.4.2).

Dieses Kriterium nimmt eine wichtige Stellung ein, da eine offene, ungezwungene, gesellige und unterhaltsame Atmosphäre erstens Raum für Erlebnisse bietet und zweitens einen emotionalen Aspekt der positiven Urlaubs- und Freizeitstimmung widerspiegelt (Schober 1993b, 1993a, Kap. 4.2). Darüber hinaus wirkt der kommunikative Stil effektiv hinsichtlich des erlebnisorientierten Lernens (Kap. 5.2).

7.2.8 Ganzheitliches, innengeleitetes Verständnis

Die innenorientierte Lebensauffassung der Menschen führte zu einer neuen Anschauungsweise von Kultur und Historie. Auch Kultur wurde zu einer Erlebniswelt. Der
Wunsch nach einem ganzheitlichen, innengeleiteten Verständnis, einer individuellen
Identifikation, ersetzt die frühere Ehrfurcht vor Kulturdenkmälern (vgl. Wachter 2001,
Kap. 3.3.2.). Das Aufzeigen von Resultaten der Geschichte, eigener Denkmuster und
der eigenen Person vor dem Hintergrund gesellschaftlicher Strukturen können Lernziele einer Gästeführung sein. Vor diesem Hintergrund wird sichtbar, dass dieses Kriterium deutlich Inhalte des *kommunikativen Tourismus* nach Nahrstedt widergibt (Kap
3.3.).

Eine Thematisierung, die Inhalte dynamisiert, macht Geschichte erlebbar und wirkt zugunsten dieses Kriteriums. Darüber hinaus begünstigen eine Darstellung gegensätzlicher Standpunkte sowie ein durchgängiger Prozess ständiger Wiederholung, Transfer
und ein Zusammenfügen von Informationen ebenfalls das Entstehen eines ganzheitlichen, innengeleiteten Verständnisses (Kap. 2.4, Kap. 2.5).

7.2.9 Induktives Verfahren

Das induktive Verfahren bildet eine grundlegende Verfahrensweise der Theorie der
Gästeführung. Es wirkt sehr stark motivierend, da es sich vom Konkreten zum Allgemeinen bewegt. Dieses Verfahren fundiert den Erlebniswert, da es von subjektiven
Erfahrungen der Gäste ausgeht, die in eine Einordnung in einen Zusammenhang oder
eine Systematik münden (vgl. Günter 1991, Kap. 2.4.2, Schlosser 1993, Kap. 2.5).

7.2.10 Exemplarisches Verfahren

Auch hier findet ein Zugang zu einer Thematik anhand eines konkreten Beispiels statt.
Die Verknüpfung mit übergeordneten Lernzielen erfolgt hier ebenso über das konkret
Erfahrene, Gesehene, Gefühlte, Geschmeckte, Erlebte (Kap. 2.4.2).

7.2.11 Prinzip der Anschaulichkeit

Dieses Prinzip eignet sich im Sinne der Erlebnis-Gästeführung, da es vom visuell
Sichtbaren ausgeht. Visuell erfasste Effekte machen historische oder abstrakte Dinge
glaubhaft, ermöglichen staunenerregende Momente und steigern den Erlebniswert.

Insofern sollte bei der Konzipierung von Erlebnis-Gästeführungen dieses Prinzip so oft wie möglich Anwendung finden (Kap. 2.4).

7.2.12 Prinzip der Elementarisierung

Das Prinzip der Elementarisierung (Kap. 2.4.2) geht vom bildhaften Vorstellungsvermögen aus und spricht die Erfahrungen der Teilnehmer an. Komplizierte Zusammenhänge werden möglichst vereinfacht dargestellt und motivieren so die Teilnehmer. Das Prinzip des Elementaren und Einfachen ist sehr förderlich für das erlebnisorientierte Lernen. Wie bereits diskutiert, fördern einfache Strukturen, im Gegensatz zur komplizierten, bürokratischen und oft chaotischen Alltagswelt, das erlebnisorientierte Lernen in der Freizeit (Kap. 5.2.6).

7.2.13 Prinzip der Aktivierung

Wie bereits beim Kriterium der Aktivität erläutert, ist die Aktivierung der Teilnehmer wichtig zugunsten der Umsetzung des Erlebniswertes. Aufgrund dessen sollte dieses Prinzip auch innerhalb der Erlebnis-Führung besonders beachtet werden (Kap. 2.4.2).

7.2.14 Zeitliche, inhaltliche und methodische Rhythmisierung

Dieses Kriterium hat hauptsächlich eine Motivationssteigerung zum Ziel. Die Rhythmisierung zielt auf eine abwechslungsreiche Gestaltung des Programms. Die zeitliche Rhythmisierung meint einen Wechsel zwischen Sehen, Hören und Sprechen, Sitzen, Stehen und Gehen gegen Ermüdungserscheinungen. Die inhaltliche Rhythmisierung bezieht sich auf einen Wechsel zwischen thematischen Schwerpunkten zugunsten einer facettenreichen Gästeführung. Bei der methodischen Rhythmisierung sollte darauf geachtet werden, dass unterschiedliche Methoden zum Zuge kommen (Kap. 2.4.2).

7.2.15 Einsatz von Quellen und Medien

Dieses Kriterium unterstützt die Objekt- und Standortwahl in ihrem Erlebniswert und erleichtert einen Zugang zum Thema. Der Einsatz diverser Quellen, wie z.B. historischer Flugblätter oder Photographien, aber auch Musik, Poesie und Tagebucheintragungen, verstärkt die Authentizität, steigert die Spannung und kann die Teilnehmer stärker in den Bann ziehen. Geschichte kann auf diese Weise lebendig gemacht werden, Inhalte werden dynamisiert (Kap. 2.4.2).

7.3 Psychologische Kriterien

Die folgend genannten Kriterien zielen auf ein psychologisches Einwirken zugunsten einer Erlebnis-vermittlung. Den Hintergrund bildet zum größten Teil das Kapitel 4. Die Inszenierung schafft somit einen Rahmen, in dem Wahrnehmung gelenkt wird und Eindrücke zu Erlebnissen werden.

Vorab soll noch angemerkt werden, dass die psychologischen Erlebnisbereiche nach Schober (1993a) (soziales, exploratives, biotisches, sowie optimierendes Erleben, Kap 4.2) nicht als solche zu jeweiligen Kriterien formuliert wurden. Meiner Ansicht nach bilden sie keine einzelnen Kriterien, sondern lassen sich vielmehr in anderen Kriterien wiederfinden und begründen (z.B. begründet das soziale Er-leben das Kriterium der Geselligkeit, das biotische Wahrnehmen das Kriterium der Sinnesansprache).

7.3.1 Raum für Emotionen bieten

Die Suche nach Erlebnissen ist eine Suche nach Gefühlen, die sich in den Individuen selbst abspielen (vgl. Hennings 2000, S. 60). Eine erfolgreiche Erlebnisvermittlung zeichnet sich somit dadurch aus, dass Emotionen entstehen. Dies lässt sich darauf zurückführen, dass Erlebnisse ein Resultat emotionsgeladener Erfahrungen sind, wie in Kap. 4.1 ausführlich dargelegt wurde. Der direkte Zusammenhang zwischen Erlebnissen und Emotionen muss den Planern folglich stets gegenwärtig sein. Auch Opaschowski (1995) ist der Meinung, dass emotionale Erlebniswerte im Zentrum von Erlebnisangeboten stehen müssen, um diese erfolgreich zu vermarkten. „Die Erlebnisstrategien müssen ... immer zweierlei leisten: Sie müssen in der Gefühls- und Erfahrungswelt verankert sein und einen realen Beitrag zur Lebensqualität der Konsumenten leisten..." (Opaschowski 1995, S. 143).

Zusammenfassend betrachtet bilden Gefühle die Grundlage der gesellschaftlichen Erlebnisorientierung und tragen somit zur Lebensqualität bei (Kap. 3.1). Eine emotionale Stimulierung der Teilnehmer ist folglich die Grundlage der Erlebnisvermittlung. Die Umsetzung der hier genannten Kriterien sollte im Endergebnis einen Raum für Emotionen schaffen. Entscheidend ist jedoch, dass Emotionen,   Atmosphäre und das Thema eine Einheit bilden. Davon abhängig muss überlegt werden welche Emotionen die Gästeführung begleiten sollen (z.B. Spannung, Furcht, Romantik, Muße, Anregung, Kreativität etc.). Dieses Kriterium ist außerdem auf erlebnisorientiertes Lernen zu beziehen (Kap. 5.2). Nahrstedt et al. behaupten, dass „... starke emotionale Beteiligung der Teilnehmer [freizeitorientierter Weiterbildung] ... sich günstig auf die Intensität der Bildungserlebnisse auswirkt" (1994, S. 78).

7.3.2 Reflexion

Reflexion bildet einen unerlässlichen Bestandteil der Erlebnisvermittlung. Wie in Kap. 4.1.2 beschrieben, ist nach Schulze (1992) das Individuum selbst für die Aneignung von Erlebnissen verantwortlich. Erst durch eine Verarbeitung in Form von Reflexion werden Ereignisse und Situationen der Umwelt zu Erlebnissen. Auch die emotionale Verfassung der Teilnehmer ist für die Entstehung von Erlebnissen ausschlaggebend, da ein Ereignis in den subjektiven Kontext integriert wird (vgl. Schulze 1992). Schober (1993a) benennt die Reflexion als eine weitere Strategie der Erlebnisintensivierung und -verlängerung, obwohl er den Begriff der Reflexion nicht verwendet. Der Autor rät zu einem „... Erlebnisaustausch, also das miteinandersprechen (sic) darüber, was einem gefallen hat" (S. 139).

Reflexion gewinnt nochmals an Bedeutung, da auch Lernerfahrungen im Sinne erlebnisorientierten Lernens verdeutlicht werden können (Kap. 5.2). Durch Reflexion verankern sich Emotionen im Bewusstsein. Das Kapitel zur Erlebnispädagogik (Kap. 5.1.3) bot Erkenntnisse darüber, in welcher Form Reflexion durchgeführt werden kann. Eine Methode, die neben einer spontanen und halbbewussten Reflexion für die Gästeführung in Betracht kommt, ist eine bewusste Reflexion durch die Verbalisierung des Erlebten. Dies kann in Form von (scheinbar bedeutungslosen) Gesprächen unter den Gästen und mit dem Gästeführer geschehen. Durch „...Erinnern, Erzählen, Interpretieren, Bewerten gewinnen Ursprungserlebnisse festere Formen" (Schulze 1992, S. 45). Dabei können ein Austausch und eine Verbalisierung der Eindrücke Erlebnisse verfestigen. Auch kann der Gästeführer Situationen einfrieren (Kap. 5.1.5). Diese Methode zielt auf das aktuelle Empfinden der Gäste und ermöglicht ein Bewusstmachen eines Erlebnisses.

Ferner kann Reflexion durch Fragen an die Gäste (z.B. „welche regionalen Früchte schmecken Sie im Bukett des Weines?"), mit gezielter Wahrnehmungslenkung (z.B. „Genießen Sie das Rauschen und den Klang des Meeres") oder durch indirekte Erlebnisdarstellung z.B. aus der Kunst in Gang gesetzt werden (z.B. August Macke und

Paul Klee waren beeindruckt von der Farbenpracht tunesischer Basare und hielten sie in ihren Gemälden fest [vgl. Güse 1982]).

Für die Reflexion sind Ruhepausen notwendig, wie Witte (2002) und Plöhn (1998) aufzeigten. Momente der Entspannung werden oft unbewusst für eine erste Reflexion genutzt. Vor diesem Hintergrund gewinnt die Dramaturgie an psychologischer Bedeutung.

7.3.3 Auslösen innengeleiteter Bedürfnisse

Dieses Kriterium lässt sich auf die innenorientierten Bedürfnisse und die damit verbundene Erlebnisrationalität der heutigen Gesellschaft zurückführen (Kap. 3.1.1, Kap. 3.3). Angesichts des Prozesses des Erlebens (Kap. 4.1.1) wurde sichtbar, dass der Prozess einem Reiz-Reaktions-Schema folgt. Demzufolge muss ein Reiz, etwas erleben zu wollen, ausgelöst werden. Der Reiz sollte gemäß der *Bedürfnispyramide nach Maslow* im Bereich der Selbstverwirklichung angesiedelt werden.

Folglich kommt es darauf an, bereits zu Beginn der Führung den besonderen und außergewöhnlichen Charakter der Führung herauszustellen und auf kommende Erlebnisse vorzubereiten. Meines Erachtens sollte die Erfüllung von Erlebnissen indirekt zur Sprache kommen, da die innenorientierten Bedürfnisse vermutlich oft unbewusst sind (Kap. 4.1.1).

7.3.4 Exklusivität

Steinecke (1997) verdeutlicht in seinem DESIRE-Modell (Kap. 3.2.2.2) die Bedeutung der Exklusivität für die heutigen Erlebniskonsumenten. Es besteht ein Wunsch nach dem Besonderen und Exklusiven. Daher sollte die Erlebnis-Gästeführung versuchen, diesem Anspruch zu genügen. Es muss darauf hingewiesen werden, dass zur Umsetzung dieses Kriteriums kein Luxus und keine Prominenz notwendig sind, wie es zunächst erscheint. Es sind lediglich Elemente einzubauen, die den Teilnehmern das Gefühl vermitteln, dass die Gästeführung keine klassische Besichtigung darstellt, vielmehr außergewöhnliche Momente und Erlebnisse vermittelt. Die Exklusivität sollte darin gesehen werden, dass der Gruppe besondere Orte, Informationen und Aktivitäten zugänglich gemacht werden. Auch das Einbeziehen von einheimischen Personen kann das Gefühl von Exklusivität hervorrufen.

7.3.5 Atmosphäre und Ambiente

„Atmosphäre kann ... definiert werden als emotionale Wirkung einer (räumlich definierten) Situation" (Schober 1993b, S. 119). Ferner macht der Autor darauf aufmerksam,
dass die Anziehungskraft einer Destination von ihrer Atmosphäre abhängt. Ein Urlaubserleben ist ohne entsprechende Atmosphäre nicht möglich. Folglich sind Wirkung
und Anziehungskraft einer Erlebnis-Gästeführung abgängig von der Atmosphäre, die
(mit der Story und der Auswahl der Objekte) vermittelt wird.

Opaschowski (1995) hat die Bedeutung der Atmosphäre und des Ambientes für den
Erlebniskonsum benannt: „Ein Umfeld von ansprechendem Ambiente, lockerer Atmosphäre und kommunikativer Animation erklärt die Attraktivität des Erlebniskonsums"
(S. 141 f). Es muss eine Atmosphäre herrschen, die Raum für Emotionen bietet und
informierend unterhält. Dies muss ebenfalls bei der Erlebnis-Gästeführung der Fall
sein. Viele der bereits genannten Kriterien (z.B. Geselligkeit, Kommunikation, Aktivität)
tragen zur Erfüllung dieses Kriteriums bei.

7.3.6 Sinnesansprache

Eine Ansprache der Sinne ist ein Ausgangspunkt für das individuelle Erleben. „Neben
der **sozialen Komponente** der Erlebniskultur ... ist der **sinnliche Charakter** funda-
mental. ... Menschen [wollen] Kultur und Unterhaltung hautnah be'greifen' und als direkte sinnliche Berührung er'leben'" (Opaschowski 2000b, S. 49). Genüsse für Augen,
Ohren, Nase und den Gaumen vervollständigen das Erleben auf allen Ebenen. Nach
Opaschowski (1995) lassen sich emotionale Erlebniswerte optimal durch sinnliche
Konsumerlebnisse verwirklichen. Auch Wachter (2001) ist der Meinung, dass eine
„...wesentliche Vorraussetzung für ein ganzheitliches Erlebnis ...eine möglichst breite
Palette an sensorischen Reizen [ist]. Mit anderen Worten sollen die Besucher ... die
dargestellte Thematik mit allen Sinnen begreifen und erfassen. Nur so können auch
komplexe Inhalte anschaulich und unterhaltsam vermittelt werden" (Wachter 2001, S.
134).

Die Ansprache der Sinne fördert auch das Lernen. Nach Nahrstedt et al. (1994) kann
Lernen in der Freizeit ermöglicht werden, „wenn alle Sinne am Lernen beteiligt sind"
(S. 26) ferner kann dies „....zu einer umfassenden und ganzheitlichen Persönlichkeits-
bildung beitragen" (ebd.).

Die Erlebnis-Gästeführung soll als Gesamtergebnis ein sinnliches Erlebnis darstellen. Dies geschieht indem, die Sehenswürdigkeiten und die Historie einer Destination mit einer Geschichte lebendig und sinnlich erfahrbar werden. Dafür spielt eine ganzheitliche Wahrnehmung eine bedeutende Rolle. Eine Region kann vielfältig entdeckt werden, wie z.b. durch regionale kulinarische Spezialitäten, bewusstes Wahrnehmen des Klimas, Bad im Meer, Geruch eines Pinienwaldes oder durch visuelle Ereignisse, z.b. Sonnenuntergänge. Dieses Kriterium steht im Zusammenhang zum biotischen Erleben (Kap. 4.2).

7.3.7 Flow

Wie bereits in Kap. 4.3 erläutert, stellt das Flow-Erlebnis den Höhepunkt des Urlaubsgenusses dar: Denn Erlebnisse des Flow-Zustandes werden als Momente des Glücks und der Zufriedenheit beschrieben. Flow-Erlebnisse können für touristische Angebote von großer Bedeutung sein. Wenn Urlauber Flow erleben, sind sie in der Lage, sich in die fremde Materie hineinzuleben und sich mit ihr zu identifizieren. Es ist anzunehmen, dass Flow-Erlebnisse (zumindest episodenhaft) in der Gästeführung erzeugt werden können, da sie laut Csikszentmihalyi (2000) im Prinzip in allen Handlungen auftreten können. Flow muss jedoch nicht dem Zufall überlassen werden. Zwar können Flow-Erlebnisse nicht garantiert werden, da dieses Phänomen erst bei einem Zusammentreffen diverser Bedingungen entsteht, doch können Situationen arrangiert werden, um die Wahrscheinlichkeit zu erhöhen (Kap. 4.3.2, Kap. 4.3.4).

Anft (1993) beschreibt, wie Urlaubsangebote gestaltet werden können, um Flow-Erlebnisse zu ermöglichen (Kap. 4.6). Der Autor weist darauf hin, dass das Entdecken und Erkunden von etwas Neuem, der „Drang zu Exploration" (S. 145) in Form von Exkursionen und dem Kennenlernen fremder Kulturen Flow erzeugen kann. Vor diesem Hintergrund erscheint die Erlebnis-Gästeführung als optimale Ausgangslage für Flow. Des weiteren sollten kreative, spielerische und gestalterische Aktivitäten integriert werden, da sie laut Csikszentmihalyi (2000) für Flow wie geschaffen seien. Sie müssen einen herausfordernden Charakter besitzen, einfach strukturiert sein und möglichst der Zielgruppe entsprechen, um Über- bzw. Unterforderung auszuschließen. Anft rät ferner dazu, die Fortbewegung als eine Flow-Tätigkeit zu betrachten. „Die Fortbewegung zu Fuß oder mit einem Verkehrsmittel kann Flow-Erfahrungen vermitteln..." (Anft 1993, S. 145).

Um das Publikum dazu zu bringen, sich auf Flow-Aktivitäten einzulassen, ist es erforderlich, dass die Aktivitäten attraktiv und als eine persönliche Bereicherung erscheinen. Von Vorteil wäre dabei, bewusst die Neugierde der Teilnehmer zu reizen. Auch im Zusammengang von Flow muss Reflexion betrieben werden. Wie bereits in Kap. 4.3 beschrieben, müssen emotionale Eindrücke ins Bewusstsein rücken. Diese positive Erfahrung von Flow-Zuständen wirkt sich als positives Gesamtempfinden gegenüber der Dienstleistung bzw. dem Fremdenverkehrsort aus und kann weitere Vorteile bringen, z.B. wiederkehrende Besucher (vgl. Wachter 2001).

7.3.8 Selbsterleben in der Fremde

Das eigene Ich in einer fremden und unbekannten Umgebung oder Situation wahrzunehmen und zu erleben, kann zu einer nachhaltigen Erfahrung werden. Diese Erkenntnis stammt aus der Theorie der Erlebnispädagogik (Kap. 5.1). Plöhn (1998) konnte nachweisen, dass Flow-Erlebnisse sich auf das zukünftige Handeln und Denken auswirken können (Kap. 4.3). Erfahrungen innerhalb einer fremden Umgebung, das Kennenlernen unbekannter Orte und Völker, wie es bei Gästeführungen der Fall ist, können interkulturelles Verstehen und Lernen auslösen (Wagner 1991). Sich auf die Fremde einzulassen bedeutet, „...sich zu öffnen für andere kulturelle Beweggründe, Muster, Motive, Bilder und Werte" (Wagner 1991, S. 295).

Die nötigen situativen Umstände für erlebnisorientiertes Lernen können aus dem erlebnispädagogischen Setting (Kap. 5.1.2) abgeleitet werden. Dies wäre beispielsweise eine unterhaltsame und mit Spaß verbundene Aktivität, bei der die Teilnehmer einer Führung in Teamarbeit kleine Aufgabe bewältigen müssten, die z.B. auf interkulturelle Verständigung zielen. Durch die Konfrontation mit fremden Kulturen bekommen Gäste die Möglichkeit, bei sich selbst Vorurteile oder Ängste festzustellen. Neben dem *Feststellen von Situationen, Strukturen und Problemen*, wie es die Erlebnispädagogik formuliert, können auch weitere Ziele erreicht werden, wie z.B. Überbrücken von Kommunikationshemmungen und Wahrnehmung der eigenen Rolle (Kap. 5.1.1).

Dieses Kriterium wirkt demnach ganz im Sinne des *kommunikativen Tourismus* nach Nahrstedt. Erfolgt eine Eigenreflexion der persönlichen Einstellung, werden eigene Kompetenzbereiche erweitert, dann wird das Ziel des kommunikativen Tourismus erreicht: „**Reisen heißt Lernen,** nicht nur von Geschichte, sondern auch Lernen von Gegenwart und Zukunft" (Nahrstedt 1996, S. 11).

Es darf jedoch nicht vergessen werden, dass diese Erfahrungen im Rahmen einer Gästeführung nur aus eigenem Antrieb erfolgen sollten. Dies kann beispielsweise realisiert werden, indem der Gästeführer Bezüge zum Leben der Teilnehmer herstellt, Parallelen und Unterschiede herausarbeitet (vgl. Schmeer-Sturm 1996; Nahrstedt et al. 1994). „Der Alltags- und Situationsbezug der Lerninhalte kann nicht nur den Zugang zu Bildung erleichtern, er kann auch den Transfer – die Übersetzung des Gelernten in den Alltag fördern" (Nahrstedt et al. 1994, S. 26). Auch können auf humorvolle Art Vorurteile und Klischees thematisiert werden. Dem sollte eine Richtigstellung folgen und eine Erklärung des Ursprungs dieser Klischees. Daneben kann aufgezeigt werden, welche Möglichkeiten zur Freizeitgestaltung der Fremdenverkehrsort offen hält, und zu einem Ausbrechen aus der gewohnten Freizeitmonotonie animieren. Nimmt ein Gast am Ende der Führung das Gefühl mit nach Hause, auf unterhaltsame Art seinen Horizont erweitert sowie neue Erfahrungen gemacht zu haben, kann dies zum optimierenden Erleben (Kap. 4.2) führen.

7.3.9 Das Bildungserlebnis

Ein Bildungserlebnis nach Schmeer-Sturm (1997) wird beispielsweise durch eine „exzellente Kunstführung" (Schmeer-Sturm 1997, S. 131) erzeugt. Diese Erfahrung kann vermutlich ausgelöst werden, wenn sich einer Person Zusammenhänge und Erkenntnisse erschließen, die gleichzeitig von hoher persönlicher Bedeutung sind. Es kann angenommen werden, dass ein Bildungserlebnis eintritt, wenn die gegebenen Informationen das Interesse der Teilnehmer treffen und es weiter ausbauen.

Dieses Kriterium lässt sich realisieren, indem im Vorfeld genau recherchiert wird, die Informationen anschaulich und unterhaltsam vermittelt werden. Darüber hinaus muss die gesamte Wissensvermittlung stets in einen übergeordneten thematischen Zusammenhang gebracht werden (vgl. Kriterium *Ganzheitliches, innengeleitetes Verständnis fördern* 7.2.8).

7.3.10 Das religiöse Erlebnis

Ein sehr spezifisches Erlebnis stellt das religiöse Erlebnis, ebenfalls nach Schmeer-Sturm (1997) dar, „...das sich auf Reisen bei der Wanderung durch eine großartige Landschaft, durch ein Ruinengelände, durch den Besuch eines Gottesdienstes, durch menschliche Kontakte einstellen kann" (Schmeer-Sturm 1997, S. 131). Dieses Erlebnis geschieht spontan und individuell. Es kann nicht geplant oder gestaltet werden.

7.4 Räumliche Kriterien

Die räumlichen Kriterien beziehen sich auf äußere Bedingungen, die erlebnisrationale Gewichtung haben. Wird die Erlebnis-Gästeführung als Inszenierung betrachtet, so zielen diese Kriterien auf die ganzheitliche Gestaltung aller äußeren Faktoren zugunsten eines Gesamterlebnisses.

7.4.1 Wetter- und Lichtverhältnisse als dramaturgische Elemente

Abenddämmerungen, Sonnenaufgänge bzw. -untergänge, Regen sowie strahlende Sonne können als dramaturgisches Mittel zur Untermalung von Atmosphären und Geschichten genutzt werden. Entweder können Erlebnis-Gästeführungen auf eine bestimmte Tageszeit abzielen, z.B. Gruseltouren in Abenddämmerung, oder es können die jeweiligen Wetterverhältnisse spontan auf unterhaltsame Weise in die Story eingebunden werden. Generell sollte ein Bewusstsein für die dramaturgische Wirkung von Wetterverhältnissen und Tageszeiten existieren.

Dieses Kriterium lässt sich auf Schmeer-Sturm (1997) zurückführen, die darauf aufmerksam macht, dass Wetter- und Lichtverhältnisse Kunst- und Naturerlebnisse fördern. „Besichtigungen von Tempelruinen im Abendrot; Wanderungen zu einem Aussichtspunkt im Morgengrauen, improvisierte Badegelegenheiten an einem schönen Strand zur Mittagspause" (Schmeer-Sturm 1997, S. 128).

7.4.2 Authentizität

„Authentizität meint im allgemeinen die Echtheit von Erfahrungen und Erlebnissen, im Kontext des Tourismus die Echtheit von touristischen Orten, Plätzen, Szenarien, Gegenständen ... und folkloristischen Darbietungen ... sowie von Interaktionen zwischen Touristen und der am Urlaubsort ansässigen Bevölkerung" (Vester 1993, S. 122).

Die Authentizität, beschreibt einen Einklang zwischen Raum und Thema. Beide Elemente müssen eine Einheit bilden, nur dann ist die Inszenierung gelungen. Folglich basiert die Authentizität auf einer standortspezifischen Thematisierung, die einen Bezug zur Region aufweist. Unterstützend kann die Einbindung von *authentischen* Personen aus der Bevölkerung wirken. Die Bedeutung dieses Kriteriums kann auf Wachter (2001) zurückgeführt werden. Der Autor beschreibt, dass eine erlebnisorientierte touristische Inszenierung nur mit einem thematischen Bezug zum kulturellen Erbe eines Standortes erfolgen kann (3.2.2.2).

7.4.3 Vorhandene Atmosphäre nutzen

Die Bedeutung der Atmosphäre wurde bereits im Kriterium 7.3.5 geschildert. Hier geht es vielmehr um die Nutzung natürlich vorhandener Atmosphären, zugunsten einer Inszenierung und Dramatisierung. Schober (1993b) unterscheidet zwischen vier Atmosphärenarten: aggressiver Atmosphäre (z.B. bei überfüllten Strassen, Lärm, aufdringlicher Architektur), anregender Atmosphäre (z.B. bunte Bazare, prunkvolle Bauten und Paläste, beeindruckende Landschaften, Überraschungen), beruhigender Atmosphäre (z.B. sanft hügelige Landschaften, Strände, Hütten, romantische Altstädte, gemütliche Lo-kale) und bedrückender Atmosphäre (z.B. gleichförmige Strassen, graue und monotone Architektur). Folglich macht der Autor darauf aufmerksam, dass Tourismusakteure die jeweilige Atmosphäre eines Fremdenverkehrsortes für Erstellung von Leitbildern innerhalb von Marktstrategien nutzen sollten.

Meines Erachtens zeigt sich darin auch eine Möglichkeit für die Inszenierung von Erlebnis-Gästeführungen. Die Atmosphäre eines Standortes kann die emotionale Stimmung der Geschichte oder des Themas unterstreichen. Auf diese Weise können sich die Teilnehmer leichter in die Materie hineinleben, die Geschichte erleben und folglich mit mehr Begeisterung anwesend sein.

7.5 Herausstellung zentraler Kriterien

Aus der Gesamtdarstellung der Kriterien können zentrale Kriterien herausgearbeitet werden. Dies soll zum einen zu einer Orientierung bei der Gestaltung von Konzepten verhelfen, zum anderen eine Bewertung von erlebnisorientierten Gästeführungen ermöglichen. Nach Ansicht vieler Autoren ist die *Inszenierung* das Erfolgskonzept des Erlebnismarketings. Sie eröffnet den erlebnisorientierten Konsumenten einen Weg in

123

eine Traum- und Gefühlswelt, in der „...der Teilnehmer alles real erleben, sich hineindenken, erleiden, fühlen und genießen kann..." (Morasch 1998, S. 56). Die Inhalte werden so dynamisiert, werden emotional erfahrbar und lebendig. Lebendig gemachte Inhalte sind anschaulicher und ermöglichen ein Eintauchen in eine andere Welt (vgl. Wachter 2001).

Vor diesem Hintergrund sind diejenigen Kriterien als zentrale zu benennen, die direkt im Sinne einer Inszenierung und Dynamisierung fungieren. Inszenierte und dynamisierte Themen bilden folglich eine Plattform für die Erlebnisvermittlung. Aus der daraus folgenden unterhaltsamen Informationsvermittlung wiederum resultiert erlebnisorientiertes Lernen zugunsten eines *kommunikativen Tourismus*.

Abbildung 6 (S. 90) verdeutlicht die Kriterien, die im direkten Zusammenhang mit einer ganzheitlichen Inszenierung stehen. Die Herausbildung der grundlegenden Kriterien erfolgte größtenteils in Anlehnung an Wachter (2001), der die Thematisierung, Dramatisierung, Dynamisierung, Mythisierung[28], exploratives Erleben (des Genius Loci) und Authentizität als grundlegende Methoden einer Inszenierung von kulturellen Themen ansieht. Ergänzend wurden meinerseits weitere Kriterien ausgewählt, die die hier genannten grundlegenden Methoden, inhaltlich umsetzen: Objektauswahl, Atmosphäre, Einhaltung des roten Fadens, Storytelling, Aktivität, Geselligkeit.

Meiner Ansicht nach sind jedoch noch weitere Kriterien als zentrale Kriterien zu benennen. Zunächst ist die Reflexion zu nennen, deren Bedeutung für die Erlebnisentstehung an vielen Stellen dieser Arbeit diskutiert wurde. Ferner bietet die Sinnenansprache eine abwechslungsreiche und vielschichtige Erlebnisvermittlung, die gleichzeitig die Wahrnehmung reizt und nachhaltig in Erinnerung bleibt. Entscheidend ist außerdem, dass die Gästeführung sich als einen Raum für Emotionen betrachten sollte. Auch die Aktivierung der Teilnehmer stellt meiner Ansicht nach ein grundlegendes und fundamentales Kriterium dar. Wie bereits dargestellt, kann die Aktivierung auf vielen Ebenen erlebnisrational eingesetzt werden (Kriterium 7.1.10). Auch das Kriterium der Förderung eines ganzheitlichen, innengeleiteten Verständnisses ist

---

[28] Mythisierung bildet hier kein grundlegendes Kriterium, da es eine Steigerung der Thematisierung und Storytelling ist. Ferner ist Mythisierung, meines Erachtens, nicht an allen Standorten umsetzbar.

elementar, da es erlebnisorientiertes Lernen unterstützt. Letztendlich trägt die Rolle des Gästeführers als Erlebnisgefährte wesentlich zu einer ganzheitlichen Dynamisierung bei.

Die übrigen Kriterien sind keinesfalls als unwichtig zu betrachten. Vielmehr verleihen sie meiner Ansicht nach einem Programm eine besondere Note und vollenden es im Detail. Schließlich muss darauf hingewiesen werden, dass die Grenze zwischen den zentralen und den übrigen Kriterien an einigen Stellen fließend verläuft und diskutiert werden kann. Eine konsequente Abgrenzung, die hier vorgenommen worden ist, begründet der dahinter stehende Gedanke einer Reduzierung auf fundamentale Kriterien.

Zentrale Kriterien für die Gestaltung erlebnisorientierter Gästeführungen

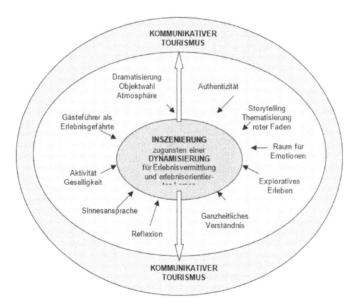

Abb. 6: *Zentrale Kriterien für die Gestaltung erlebnisorientierter Gästeführungen* (eigene Darstellung).

7.6 Zusammenfassung

Vor dem Hintergrund, dass erlebnisorientierte Gästeführungen spezifisch sein müssen, um ein Alleinstellungsmerkmal zu bieten (vgl. Wachter 2001), muss beachtet werden, dass die Gewichtung der Kriterien je nach Schwerpunkt variieren kann. Der Schwerpunkt ergibt sich aus der Infrastruktur und den kulturellen Bedingungen (vgl. Schmeer-Sturm 1996). Danach muss sich auch die Inszenierung richten. Dabei können gewisse Kriterien in den Vordergrund treten, andere wiederum nur ansatzweise oder überhaupt nicht angewendet werden. (Beispiel: ländliche Regionen, mit wenig kulturellen Sehenswürdigkeiten, können ihren Schwerpunkt in den Erlebnisbereich der Ruhe und Muße in der Natur verlagern. Folglich müssen die Kriterien ausgewählt werden, die diesen Bereich unterstützen, z.B. Spurensuche bezogen auf Flora und Fauna; Raum für eher romantische Emotionen kreieren statt Spannung zu erzeugen; Aktivitäten auswählen, die mehr kreativ inspirieren anstatt körperlich aktivieren usw.).

Zusammenfassend betrachtet zeichnet sich der Kriterienkatalog durch seine Bandbreite aus, der je nach Infrastruktur Möglichkeiten zur Schwerpunktsetzung bietet. Ferner sind die Methoden theoriegeleitet und zielen überwiegend direkt auf die Erlebnisvermittlung. Speziell die psychologischen Kriterien, aber auch die Erlebnisdimensionen (Geselligkeit, Kreativität, Aktivität usw.) erfassen die psychophysischen Bedürfnisse der Urlauber und bieten eine optimale Ausgangslage für ein tiefergreifendes Verständnis bei der Gestaltung von touristischen Erlebnis-Konzepten. Es kann davon ausgegangen werden, dass dadurch eine Plattform für eine Qualitätssteigerung von Erlebnisangeboten geboten wird.

8. Verbindung von Theorie und Praxis

Nachdem diese Arbeit zunächst einen theoretischen Rahmen geboten hat, soll nun eine Brücke zur Praxis geschlagen werden. Dies ist meines Erachtens sinnvoll, da der Gegenstand der Arbeit realitätsbezogen ist und nicht rein theoretisch angegangen werden sollte. Um diesen Vorsatz zu erfüllen, wurden eine Beobachtung einer erlebnisorientierten Gästeführung und ein Experteninterview durchgeführt. Um zu möglichst gewinnbringenden und nützlichen Einsichten zu gelangen, wurde der Experte als Interviewpartner gewählt, der die beobachtete Führung konzipierte.

Meiner Ansicht nach wird das Ziel, die Verbindung von Theorie und Praxis, durch die Kombination beider Methoden erreicht. In der Beobachtung erschließen sich zunächst beobachtbare Erkenntnisse, die im Experteninterview durch Hintergrundinformationen ergänzt und vertieft werden. In Anbetracht der erstellten Kriterien, die einen allgemeinen Charakter besitzen und daher breit anwendbar und übertragbar sind, besteht keine Notwendigkeit einer Untersuchung unterschiedlicher Arten von Gästeführungen.

8.1 Die Beobachtung

Die Beobachtung einer erlebnisorientierten Gästeführung verfolgt hauptsächlich das Ziel zu untersuchen, welche Methoden zur Umsetzung des Erlebnisaspektes in der Realität Anwendung finden. Es galt herauszufinden, welche didaktischen und methodischen Schwerpunkte und Ansätze hinter dem Konzept stehen. Dies ermöglicht Rückschlüsse darauf, ob die in der Arbeit ausgewählten wissenschaftlichen Theorien (Kapitel 2 bis 5) angemessen und vollständig sind. Die konkrete Fragestellung lautete:

- Finden die im Rahmen der vorliegenden Arbeit erstellten Kriterien Anwendung und kann somit die beobachtete Führung unter Heranziehung der Kriterien als erlebnisorientiert bezeichnet werden?
- Werden andere Methoden angewendet, die sich nicht in den Kriterien widerspiegeln?

Im Anschluss sollen kritische Überlegungen hinsichtlich der Vollständigkeit der Kriterien und ihrer Relevanz für die Praxis folgen.

8.1.1 Gegenstand der Beobachtung

Gegenstand der Beobachtung war die *Mephisto-Tour* in Staufen im Breisgau. Die Gästeführung, die von Barbara Krull von *Timewalking* konzipiert wurde und veranstaltet wird, dauert ca. zwei Stunden und präsentiert auf außergewöhnliche und unterhaltsame Art den Ort und seine Geschichte.

Im Mittelpunkt steht der Gästeführer, der in Gestalt des Mephisto (Figur aus Goethes *Faust*) auftritt. Die Figur ist eng mit der Geschichte und Legende Staufens verbunden. Mephisto ist Protagonist und Erzähler zugleich. Thema und roter Faden der Führung ist das Leben und Schaffen des Dr. Faust, der sich auf einen Pakt mit dem Teufel einließ. Die Sehenswürdigkeiten, Orte und die Geschichte der Stadt werden inhaltlich in die Thematik eingebunden. Die Darstellung des Inhalts erfolgt durchgängig aus der Perspektive des Teufels und verleiht der Führung eine besondere Note. Abgerundet wird das Programm durch regionaltypische, gastronomische Spezialitäten, die thematisch aufgearbeitet, die Gästeführung zu einem Gesamterlebnis werden lassen.

8.1.2 Methodik

Ist der zu beobachtende Gegenstand in soziale Situationen eingebettet und besitzen die Fragestellungen einen explorativen Charakter, so empfiehlt Mayring (1996) eine halb-standardisierte, teilnehmende Beobachtung. Beide Vorraussetzungen treffen auf den hier gegebenen Beobachtungsgegenstand zu: nicht nur, dass die Gästeführung eine soziale Situation darstellt, auch zielt die Fragestellung auf die Erfassung von Strukturen und ist demnach explorativ orientiert. Dementsprechend wurde am 29.11.2003 eine halb-standardisierte, teilnehmende Beobachtung der Mephisto-Tour in Staufen durchgeführt.

Mayring (1996) folgend wurde ein Beobachtungsleitfaden (s. Anhang I) zusammengestellt, der die elementaren Beobachtungsdimensionen theoriegeleitet festlegt. Der halbstandardisierte Leitfaden ermöglicht einerseits ein kommentierendes Beobachten zu festgelegten Fragen, andererseits können durch ungeplante Beobachtung neue Aspekte herausgearbeitet werden. Dieses Verfahren soll helfen einerseits festzustellen, ob die die hier erstellten Kriterien Anwendung finden, andererseits in welcher (groben) Dimension und in welcher Art und Weise sie in der Realität angewendet werden. Die Situation wird exemplarisch beschrieben.

In erster Linie kommt es darauf an, ob die Kriterien überhaupt Anwendung gefunden haben. Es soll keine quantitative Darstellung erfolgen (keine genauen Angaben über die Dauer und Frequenz der Methoden). Ferner soll in Anbetracht der zentralen Kriterien (Kap. 7.5) eine Bewertung hinsichtlich des Erlebnisaspektes erfolgen.

Der Beobachtungsleitfaden orientiert sich zwecks eines späteren Vergleichs zwischen Theorie und Praxis an dem Aufbau der Kriterien in Kap. 7. Für eine bessere Auswertung wurden die Kriterien durch Fragen, an beobachtbare Fakten ergänzt (Beispiel Reflexion: wird Raum für Gespräche gegeben? Wird zum Verbalisieren von Eindrücken angeregt?)

Da es bei der Beobachtung nicht um quantitative Datenerhebung geht, kommt eine qualitative Auswertung in Frage (vgl. Moser 1998, S. 57). Um ein systematisches und nachvollziehbares Vorgehen zu gewährleisten, wird eine qualitative Auswertung nach Moser (1998) durchgeführt. Der erste Schritt der *Codierung nach Kategorien* braucht nicht durchgeführt zu werden, da der Beobachtungsleitfaden bereits ein Raster liefert. Die Kriterien, an denen sich der Leitfaden orientiert, können bereits als Code, der Bereich, in dem sie auftauchen, als Kategorie verstanden werden. Der zweite Schritt umfasst einen *internen Kategorienvergleich*, bei dem sich zentrale Tendenzen herauskristallisieren sollen. Dabei wird untersucht, welcher Kriterienbereich besonders abgedeckt wurde, und wo Schwerpunkte liegen. Die ungeplante Beobachtung soll weitere Dimensionen und Tendenzen aufzeigen. Letztendlich erfolgt ein *externer Vergleich*, also ein Bezug zur Theorie. Hierbei werden die Ergebnisse der bisherigen Analyse mit den theoriegeleiteten Kriterien und Erkenntnissen der vorliegenden Arbeit verglichen.

8.1.3 Ergebnisse

Im Folgenden werden die Ergebnisse der Beobachtung dargelegt. Nacheinander werden die einzelnen Kriterienbereiche zusammenfassend abgehandelt. Es wird aufgezeigt, inwiefern die Kriterien angewandt wurden und wie ihre Umsetzung erfolgte. Ferner wird, basierend auf der ungeplanten Beobachtung, erläutert, welche weiteren Methoden verwendet wurden, die in dieser Arbeit bisher unbeachtet geblieben sind. Dies soll eine kritische Auseinadersetzung hinsichtlich der Erstellung der Kriterien einleiten. Letztendlich wird geklärt, ob die Mephisto-Tour die zentralen Kriterien erfüllt und als erlebnisorientierte Gästeführung bewertet werden kann.

Leitthema: Kriterien der Didaktik und Methodik[29]

- Inszenierung

Die thematische Basis und gleichzeitig Story der Mephisto-Tour bilden die Legende des Dr. Faustus und des Mephisto, mit dem Dr. Faust einen teuflischen Pakt einging. Das Thema kann eindeutig der Mythisierung gerecht werden. Die Geschichte birgt eine spannende und schaurige Atmosphäre. Sie spricht Emotionen an und weckt Neugierde. Die Story wird durchgängig sehr erlebnisrational umgesetzt. Sie wird aus der Sicht des Mephisto dargestellt und zieht sich wie ein roter Faden durch die Führung. Gleichzeitig dient sie als Plattform für den dramaturgischen Verlauf der Gästeführung. Es existieren sowohl Spannungsphasen, Überraschungsphasen als auch Entspannungsphasen (Pausen in Verbindung mit kulinarischen Genüssen, die inhaltlich aufgearbeitet werden).

Es werden auch Exkurse zu anderen Themen vorgenommen, die jedoch im Endeffekt in die Story eingebunden werden (z.B. Geschichte der Staufer). Die gesamte Führung erscheint als eine Inszenierung, bei der die Stadt Staufen zu einer Bühne wird. Die Sehenswürdigkeiten und die Standorte werden thematisch in die Geschichte eingearbeitet, wobei sie den Inhalt veranschaulichen und begreifbar werden lassen (z.B. Gasthaus, in dem Dr. Faust seinen Tod gefunden hat, oder das Rathaus, das einen Abdruck eines Teufelshufs besitzt).

Gemessen an der klassischen Gästeführung wird hier deutlich eine erlebnisorientierte Wissensvermittlung sichtbar. Der Gästeführer trägt hauptsächlich dazu bei. Als Mephisto (dargestellt von einem Schauspieler) tritt dieser dem Publikum entgegen und lässt die Geschichte lebendig werden. Im Vergleich zur traditionellen Gästeführung dient er nicht der reinen Wissensvermittlung, sondern ist als ein Medium eines erlebnisorientierten Lernen zu verstehen, der die Phantasie der Teilnehmer anregt und zum Erleben animiert. Die Mephisto-Tour erscheint im Ganzen als eine Inszenierung, bei der die Inhalte (Sehenswürdigkeiten und Historie) dynamisiert werden.

---

[29] Da sich die Kriterien der Didaktik und Methodik in ihrer Umsetzung überschneiden, werden sie nicht gesondert diskutiert.

- Erlebnisbereiche

Die Mephisto-Tour fördert eine aktive Beteiligung der Teilnehmer. Dies wird auf spielerische und kreative Art umgesetzt. Programmpunkte, wie z.B. das Mitmachtheater (Teilnehmer spielen die Gretchen-Szene aus Goethes Dr. Faust nach), Turmbesteigen, Ausprobieren, ob der eigene Fuß in den Hufabdruck des Teufels passt sowie die direkte Ansprache des Publikums fördern die aktive Teilnahme und führen so zur Steigerung des Erlebniswertes. Die Aktivierung des Publikums wirkt sich positiv auf eine gesellige Stimmung aus. Die Gruppe wird durch die (ironischen und spitzfindigen) Kommentare des Teufels aufgemischt und führt zu Gesprächen unter den Gästen.

Der Schwerpunkt der Tour bezieht sich vorwiegend auf die Erlebnisbereiche der Aktivität und Geselligkeit. Auch wird dem Bereich der Kreativität zum Teil entsprochen. Das Abenteuer sowie der Bereich der Ruhe und Muße treten nicht als Schwerpunkte auf. Stattdessen spielt die Ruhe in den Entspannungsphasen eine Rolle, bei denen kulinarische Spezialitäten angeboten werden. Ein selbstständiges kreatives Tätigsein wird in der Mephisto-Tour nicht angeboten. Auch findet keine Fortbewegung auf eine besondere Weise statt. Diese Methoden sind jedoch austauschbar. Dem Ziel der Aktivierung wird auf anderen, o.g. Wegen entsprochen.

Innerhalb der Mephisto-Tour werden mehrere Methoden sichtbar, die zum explorativen Erleben der Teilnehmer animieren. Herauszuheben ist, dass die Führung aus einem ungewöhnlichen Blickwinkel dargestellt wird, aus dem des Teufels. Daraus ergibt sich eine neue und alltagsfremde Betrachtungsweise. Der Gästeführer als Mephisto steckt das Publikum indirekt dazu an, die Umgebung aus einer phantasievollen, 'teuflischen' Sicht wahrzunehmen. Auf diese Weise werden die Gäste für unbeachtete Reize sensibilisiert. Sie nehmen vorher unbekannte Aspekte wahr und erleben Situationen neu. Elemente einer Spurensuche (Modell nach Isenberg), wie ein eigenständiges Wahrnehmen von Zeichen und eine gemeinsame Deutung, treten nur ansatzweise auf.

- Erlebnisorientierte Wissensvermittlung

Es wurde beobachtet welche Methoden der klassischen Gästeführung zugunsten einer erlebnisorientierten Wissensvermittlung angewendet wurden. Im Prinzip setzt die Mephisto-Tour an bewährten Methoden der Wissensvermittlung an. Es findet ein Wechsel zwischen direkten und indirekten Methoden statt. Die Ziele werden

ausgehend vom Prinzip des Exemplarischen Vorgehens, dem Prinzip der Anschaulichkeit und der Elementarisierung sowie des induktiven Verfahrens vermittelt. Das bedeutet, dass diese Vorgehensweise eine Ausgangslage für informelles Lernen bietet.
Kombiniert mit weiteren Methoden, wie der Aktivierung zur Erhöhung der Aufnahmebereitschaft, Quellenbefragung durch den Einbezug von Einheimischen und einer zeitlichen und inhaltlichen Rhythmisierung (z.B. durch ein facettenreiches Thema, ab-
wechselnde Tätigkeiten der Gäste mit passiver und aktiver Teilnahme) entsteht ein
kommunikativer Führungsstil, der im Kontext einer Inszenierung informierend, motivierend und erlebnisfördernd wirkt.

Eine Wiederholung sowie Transfer der Informationen fand punktuell statt. Zwar enthält
die Führung keine schwierigen Inhalte, so dass ein gezieltes Wiederholen und Trans-
ferieren für ein Verständnis nicht unbedingt notwendig sind, doch könnte ein verstärk-
tes Aufzeigen von übergeordneten Zusammenhängen, über die Story hinaus, informelles Lernen zusätzlich begünstigen.

Leitthema: Psychologische Kriterien

Bereits zu Beginn der Mephisto-Tour werden die Teilnehmer auf die bevorstehende
außergewöhnliche Gästeführung vorbereitet. Ein Sektempfang zur Begrüßung, vor der
Kulisse der Altstadt, baut eine Erwartungshaltung auf und weckt innere Bedürfnisse.
Dies lässt die Mephisto-Tour für das Publikum in einem exklusiven Licht erscheinen.
Im Verlauf der Führung wird das Gefühl des Besonderen aufrecht erhalten, indem den
Teilnehmern sonst verschlossene Türen geöffnet sowie kulinarische Spezialitäten dar-
geboten werden. Des weiteren lässt der imposante Mephisto die Gruppe im Zentrum
des öffentlichen Geschehens stehen.

Auf die Sinnesansprache wird viel Wert gelegt. Neben kulinarischen Genüssen, Sekt,
Kaffee, Wein und Käsespezialitäten, werden auch auf der visuellen und akustischen
Ebene Sinne angesprochen. Dies geschieht mit alchimistischen Experimenten, die mit
kleinen Feuerexplosionen viel Aufsehen erregen. Ebenso bietet das aufwendige Kostüm des Mephisto in der Kulisse der Altstadt einen eindrucksvollen Anblick. Die altertümliche Sprache des Teufels sowie Zitate aus *Faust* runden die Sinneswahrnehmung
ab.

Eine bewusst herbeigeführte Reflexion zugunsten einer Erlebnisverankerung (z.B. durch gezielte Fragen an die Gäste) konnte nicht festgestellt werden. Es wurden jedoch Entspannungsphasen eingebaut, die den Gästen Möglichkeiten zum Verbalisieren gemachter Eindrücke und einem Meinungsaustausch bieten. Auf diese Weise werden, vom Konzept her nicht geplante, Reflexionsvorgänge eingeleitet.

Die Figur des Mephisto ist unsterblich. Dies wird originell und ideenreich dafür genutzt, um dem Publikum den Lauf der Zeit und die damit einhergehenden Veränderungen und Entwicklungen bewusst zu machen. Mephistos zynische aber humorvolle Anmerkungen sprechen ansatzweise Probleme der heutigen Zeit an (z.b. der „stinkende Verkehr der Höllenmaschinen" (Autos) innerhalb der Fußgängerzone der Altstadt). Die zeitübergreifende Figur des Mephisto scheint wie geschaffen, um scherzhaft zum Nachdenken anzuregen. Dies könnte meines Erachtens jedoch bewusster im Sinne einer Reflexion des eigenen Verhaltens und eigener Einstellungen geschehen. Meiner Meinung nach steckt hier noch ungenutztes Potenzial zugunsten eines *Lernens auf Reisen* im Sinne des *kommunikativen Tourismus*.

Es kann davon ausgegangen werden, dass religiöse sowie Bildungserlebnisse (nach Schmeer-Sturm 1997) nicht Sinn und Zweck der Mephisto-Tour sind. Da jedoch die Kenntnis des Faust von Goethe einem gewissen Bildungsniveau entspricht, kann vermutet werden, dass sich Teilnehmer einerseits in ihrem Wissen bestätigt fühlen oder aber ihr Wissen auffrischen bzw. vertiefen, andererseits neues Wissen erwerben können. Unter Umständen kann dies zu einem optimierenden Erleben führen (vgl. Schober 1993). Zusammenfassend betrachtet, vereinigt die Mephisto-Tour eine Motivbündelung, die den anspruchsvollen Wünschen der innenorientierten Konsumenten gerecht werden kann.

Leitthema: Räumliche Kriterien

Das Kriterium der Authentizität wird vollends abgedeckt. Der aufgegriffene Mythos steht im Zusammenhang mit dem besichtigten Ort. Somit bildet die Altstadt eine authentische räumliche Kulisse. Das Einbringen von *authentischen* Personen (Winzer, Bauer, Kaffeehausbesitzer) in die Führung unterstreicht die Authentizität des Ortes. Auch die Abenddämmerung, sowie die vorweihnachtliche Dekoration wurden inhaltlich eingebunden und unterstützten die Atmosphäre.

Leitthema: Ungeplante Beobachtung

Bei der Beobachtung der Mephisto-Tour wurden weitere Methoden festgestellt, die zur Umsetzung des Erlebnisaspektes beitrugen. Ein durchaus sehr wichtiger Aspekt, der in dieser Arbeit noch keine Beachtung gefunden hat, ist der *Humor*. Eine herausstechende Eigenschaft der Mephisto-Tour ist eine sehr humorvolle und scherzhafte Erzählform. Auffällig ist auch die hohe *Dynamik* der Führung. Es herrscht ein gewisses Tempo, dass kein Abschweifen und Langeweile beim Publikum zulässt. Diese Dynamik wirkt sogar physisch und führt dazu, dass die Gruppe gelegentlich Mephisto nachlaufen muss. Sehr effektiv und unterhaltsam wirkt ebenso eine ungeplante *Einbeziehung spontaner Situationen und Gegebenheiten*. Der Gästeführer führt mit offenen Augen und bleibt stets in seiner Rolle. Beispielsweise werden interessierte Personen auf der Strasse, sowie störende „Höllenmaschinen" unterhaltsam und humorvoll angesprochen oder kommentiert. Auch die Vergabe von *Souvenirs* bereitet den Gästen Freude, wie z.B. Weingläser mit dem Emblem des Winzergutes, Lesezeichen oder Postkarten mit dem Corporate Design von TIMEWALKING. Darüber hinaus wurde beobachtet, dass die Gäste stets direkt angesprochen und in die *Geschichte eingebunden* wurden (z.B. Mitmachtheater). Schließlich ist Mephisto permanent auf der Suche nach Interessenten, die sich auf einen teuflischen Pakt einlassen.

8.1.4 Fazit

Anwendung der Kriterien und Bewertung der beobachteten Führung:

Die Mephisto-Tour wendet Methoden zur Erlebnisvermittlung an, die weit über die zentralen Kriterien (Kap. 7.5) hinausgehen. Die Thematisierung, Mythisierung und Dramatisierung formen die Mephisto-Tour zu einer ganzheitlichen Inszenierung, die ihre Inhalte dynamisch werden lässt. Die Story bietet Emotionen, eine spannende und gesellige Atmosphäre und gewährt auf diese Weise ein innengeleitetes Verständnis für die Kultur und die Geschichte des Ortes, wobei das Erlebnis als Medium für weiterführende Ziele, im Sinne des *kommunikativen Tourismus*, stärker genutzt werden könnte. Entspannungsphasen bieten genügend Raum für Reflexionen und einen Austausch über die gemachten Eindrücke. Sinnenseindrücke ermöglichen eine vielschichtige Erlebnisumsetzung. Der Gästeführer ist ein Erlebnisgefährte und setzt eine erlebnisorientierte Wissensvermittlung um. Darüber hinaus erfüllt die Mephisto-Tour viele weitere Kriterien, die bereits geschildert wurden. Generell geht die Mephisto-Tour weit über den Rahmen einer klassischen Besichtigung eines Fremdenverkehrsortes hinaus und ist gänzlich als erlebnisorientiert zu bewerten.

Vollständigkeit der erstellten Kriterien:
Die ungeplante Beobachtung zeigt, dass der Umfang der Kriterien weiter ergänzt werden kann. Neu kommen hinzu: *Humor, Dynamik, ungeplante Einbeziehung spontaner Situationen und Gegebenheiten, Übertragung des Publikums in die Geschichte* sowie Vergabe von *Souvenirs.* Es kann vermutet werden, dass, je spezieller das Konzept hinsichtlich eines Schwerpunktes gestaltet wird, desto detailliertere und spezifischere Kriterien sich herauskristallisieren werden. Dennoch spricht die eher geringe Anzahl an neu hinzugekommenen Methoden für eine Vollständigkeit und ein breites Spektrum der ausgearbeiteten Kriterien.

Relevanz der Kriterien für die Praxis:
Generell kann von einer Relevanz ausgegangen werden, wenn sich einerseits Parallelen zwischen Theorie und Praxis ergeben, andererseits, wenn die Kriterien einen allgemein gültigen Charakter besitzen und für verschiedene Anwendungsgebiete gelten und übertragbar sind.

Größtenteils konnten die erstellten Kriterien in der beobachteten Führung wiedergefunden werden. Dies lässt sich darauf zurückführen, dass die Kriterien auf erkenntnistheoretische Methoden zurückzuführen sind und direkt auf das Phänomen des Erlebnisses zielen. Dies spricht zu einem für die Erlebnisqualität der Mephisto-Tour, zum anderen für eine große Bandbreite des Kriterienkatalogs, der Methoden bietet, die übertragbar und breit anwendbar sind. Es kann davon ausgegangen werden, dass der Kriterienkatalog eine Ausgangsposition für die Gestaltung verschiedener Arten von Führungen mit unterschiedlichen Schwerpunkten verschafft. Der Katalog bietet eine grundlegende methodische Auswahl, die nach Belieben vertieft werden kann. Vor diesem Hintergrund kann von der Relevanz der Kriterien für die Praxis ausgegangen werden.

Rückschlüsse auf die Auswahl des theoretischen Rahmens:
Die ungeplante Beobachtung konnte keine theoretischen Lücken aufweisen. Daraus können Rückschlüsse auf die Auswahl und Vollständigkeit der wissenschaftlichen

Theorien (Kapitel 2 bis 5) gezogen werden. Es kann davon ausgegangen werden, dass der theoretische Hintergrund, der in dieser Arbeit thematisiert wurde, einen vollständigen Rahmen bot und die Erlebnis-Gästeführung vielschichtig abdeckt. Dass sich die Theorie mit der Praxis deckt, kann auf das facettenreiche Spektrum der Kriterien zurückgeführt werden, das aus einer breiten angelegten Palette an wissenschaftlichen Disziplinen resultiert.

8.2 Das Experteninterview

Zwar wird in der Literatur der Trend zu erlebnisorientierten Angeboten in Freizeit und Tourismus diskutiert, doch fehlt es an einer wissenschaftlichen Literaturbasis, konkret bezogen auf die Realisierung von Erlebnis-Gästeführungen. Dieser Mangel resultiert anscheinend daraus, dass das Feld der Erlebnis-Gästeführung neuartig ist. Aus diesem Grund wurde ein Experteninterview durchgeführt. Es soll Erkenntnisse dieser Arbeit untermauern bzw. korrigieren. Interviews mit Experten werden dort eingesetzt, wo „der Forscher...auf Informationen von Schlüsselpersonen angewiesen ist, denen in diesem Feld eine besondere Kompetenz ...zukommt" (Moser 1995, S. 171).

Inhaltlich bezieht sich das Interview einerseits auf allgemeine Aspekte der Erlebnisorientierung in Freizeit und Tourismus andererseits konkret auf den Bereich und die Methoden der erlebnisorientierten Gästeführung. Da der Experte die beobachtete Führung gestaltet hat, sollen Ergebnisse der Beobachtung vertieft werden. Es soll genauer untersucht werden, welches Bewusstsein, welche Zielvorstellungen und Methoden hinter dem Konzept der *Mephisto-Tour* stehen.

8.2.1 Methodik

Als Methode wurde das fokussierte Interview gewählt. Diese Form des Interviews erscheint adäquat, da es von einem speziellen Gesprächsgegenstand ausgeht (vgl. Moser 1995, S. 157 f). Das fokussierte Interview ist auf einen Sachverhalt oder eine Problemstellung zentriert, zu dem sich der Interviewpartner äußert. Generell interessieren Sichtweisen, Meinungen und Interpretationen des Experten. Um relevante Daten zu erheben, werden die zentralen Aspekte in einem Leitfaden zusammengestellt.

Der Interviewleitfaden (s. Anhang II) des fokussierten Interviews ist laut Moser (1995, 1998) in Leitthemen aufgeteilt. Zu jedem Leitthema wurden Leitfadenfragen formuliert, die wesentliche Fragestellungen abdecken. Es handelt sich um offene, halbstrukturierte Fragen, die eine gewisse Richtung vorgeben. Dies führt dazu, dass der Experte gezielt auf einen Sachverhalt oder ein Problem gelenkt wird, aber offen seine Meinung äußern kann (vgl. ders.). Der Leitfaden geht nach dem Trichterprinzip vor und beginnt mit allgemeinen Fragen, die spezifischer werden (vgl. ders.). Um neue Erkenntnisse zu gewinnen, soll ein offenes Gespräch geführt werden, das spontane Ad-hoc-Fragen impliziert (vgl. Mayring 1996, S.52). Der Leitfaden hilft, um zum Ausgangsthema zurückzukehren. Nach Einwilligung des Experten wurde das Interview auf Tonband aufgenommen.

8.2.2 Der Experte

Am 29.11.2003 fand mit Frau Barbara Krull ein fokussiertes Experteninterview statt. Barbara Krull ist Gründerin von *TIMEWALKING*, einer Firma, die touristische Konzepte entwickelt, realisiert und durchführt. Sie konzipierte und gestaltete die *Mephisto-Tour*, Staufen, die *Herzog Friedrich-Tour*, Freudenstadt, die *Graf Hans-Tour*, Laufenburg als Erlebnis-Gästeführungen. Die *Mephisto-Tour*, Staufen wurde beobachtet.

B. Krull ist Volkskundlerin und Historikerin und war im Bereich des Museumsaufbaus und der Museumskonzeption tätig. Seit 1997 beschäftigt sie sich mit der Gästeführung, woraufhin sie bei der Tourismus-Information Freiburg als Gästeführerin tätig war. Neben der Konzipierung von erlebnisorientierten Führungen leitet B. Krull heute Seminare zu diesem Thema. Das sind u.a. Seminare an der Volkshochschule zur Ausbildung von Gästeführern für den Naturpark Hochschwarzwald und Kurse mit dem Titel „Gästeführer inszenieren ihre Stadt" bei dem Deutschen Seminar für Tourismus.

Das Studium der Volkskunde und der Geschichte qualifizieren B. Krull im Hinblick auf die inhaltliche Planung und Gestaltung von Gästeführungen. Als Volkskundlerin sieht sie deutliche Bezüge zu ihrer jetzigen Tätigkeit, da sie „Geschichte lebendig machen" möchte. Besondere Vorteile bieten ihr ihre Kenntnisse der Recherche und der Aufbereitung von historischen Fakten. Ihr Erfolgskonzept besteht aus einer Verbindung von Historie und Atmosphäre, ergänzt durch sinnliche Genüsse. Im Interview machte B. Krull deutlich, dass sie in *TIMEWALKING* ihre berufliche Erfüllung gefunden habe.

8.2.3 Die Auswertung

Die Tonbandaufnahmen des Experteninterviews wurden zu einem zusammenfassenden Protokoll reduziert. Ausgewählt wurde das zusammenfassende Protokoll in Anlehnung an Mayring. Der Autor rät zu dieser Methode, „wenn man vorwiegend an der
inhaltlich-thematischen Seite des Materials interessiert ist..." (Mayring 1996, S. 74).

Gemäß Mayring wurde zugunsten einer qualitativen Analyse das Material zunächst
selektiert. Es wurde um Irrelevantes, Abschweifungen und Wiederholungen reduziert.
Sodann erfolgte eine *Bündelung* und *Integration*, bei der ähnliche und sinngemäße
Aussagen zu einer Bedeutungseinheit komprimiert wurden. Diese Bündelung wurde
teilweise *generalisiert*, das heißt, durch einen übergeordneten Begriff ersetzt. Das Material wurde nur partiell generalisiert, um einen authentischen Charakter des Interviews
zu bewahren. Eine umfassende und endgültige Generalisierung findet jedoch im Fazit
(Kap. 8.2.4) statt, wo die gewonnenen Erkenntnisse und Methoden den Kriterien und
der Theorie der Arbeit gegenüber gestellt werden.

8.2.3.1 Zusammenfassendes Protokoll des Experteninterviews

Leitthema: Trend zum Erlebnis

B. Krull sieht einen deutlichen Trend zu Erlebnis-Angeboten in Freizeit und Tourismus.
Ihrer Meinung nach ist dieser Trend verbunden mit einem Wunsch der Konsumenten
nach einer perfekten Organisation und Durchführung von Dienstleistungen. Sie ist der
Meinung, dass diese Erlebnisorientierung der Menschen mit einem Bedürfnis nach Sicherheit gekoppelt ist. Folglich sollten touristische Angebote diesen Bedürfnissen
nachkommen und konsumentengerecht gestaltet werden.

Die Expertin nimmt diesen Trend ebenso in der Gästeführung wahr. Sie bemerkt eine
Nachfrage nach außergewöhnlichen und erlebnisvollen Führungen. Andererseits ist
sie der Meinung, dass Fremdenverkehrsorte zum großen Teil nicht auf diesen Trend
reagieren.

Leitthema: Erlebnisvermittlung

Bei erlebnisorientierten Gästeführungen komme es auf hohe Qualität an, so B. Krull,
es müsse ein durchdachtes Konzept dahinterstehen. Sie glaubt, dass auf dem Markt
Angebote bestehen, die mit dem Erlebnisaspekt werben, ihn jedoch nicht erfüllen. Ihrer
Meinung nach bemerken Kunden jedoch schnell, wenn Angebote zu viel versprochen

haben und dann das Qualitätsniveau nicht erreichen. Die Expertin warnt vor negativen Erfahrungen seitens der Kunden, da sie sich schnell verbreiten und negative Folgen für die Destination haben. Das Publikum erwartet ein hohes Maß an Qualität, und ist bereit dafür mehr zu bezahlen.

Leitthema: Notwendigkeit Praktikern Hilfestellungen zu bieten
Nach Meinung von B. Krull bedürften Praktiker der Hilfestellungen im Hinblick auf die Gestaltung von Erlebnis-Gästeführungen. Immer noch sei die Gästeführung zu sehr auf die rein kognitive Wissensvermittlung orientiert. Zwar sei die Wissensvermittlung Ziel, doch müssten sich die Methoden ändern. Oft fehle es den Praktikern an Ideen oder an Motivation.

Aus diesem Grund führt die Expertin Seminare zu diesem Thema durch, bei denen sie versuche zur Umsetzung von außergewöhnlichen Ideen zu ermutigen. Sie bemerke seitens der Kursteilnehmer (Vertreter und Entscheidungsträger von Destinationen, Gästeführer) ein großes Interesse und eine wachsende Kreativität und Aufgeschlossenheit dem Thema gegenüber.

Die Gesprächspartnerin ist der Meinung, dass aus der Theorie abgeleitete Kriterien zur Umsetzung des Erlebnisaspektes sich als nützliche Hilfestellung für Praktiker erweisen können. Diese sollten jedoch praxisnah, transparent und anwendbar formuliert sein.

Leitthema: Aspekte und Funktion der erlebnisorientierten Führung
Erlebnis-Gästeführungen zeichneten sich durch ihre Außergewöhnlichkeit und den Charakter des Besonderen aus. Besonders wichtig, so Frau Krull, sei die Ansprache möglichst vieler Sinne. Außerdem solle den Teilnehmern das Gefühl vermittelt werden, diese Dienstleistung sei etwas Besonderes. Des weiteren solle die Wahrnehmung für das Außergewöhnliche geöffnet werden.

Die Wissensvermittlung solle nicht im Vordergrund stehen, sondern unbewusst ablaufen, so die Expertin. Dabei solle immer von dem ausgegangen werden, was die Gäste sehen und erleben. Diese Art der erlebnisorientierten Wissensvermittlung sei nachhaltiger. Es bleibe ein positives Gefühl haften, das sich zu einem positiven Image der

Destination entwickele. Folglich steige die Zahl der wiederkehrenden Besucher, und die positive Mundpropaganda werde aktiviert. Der markante Unterschied zwischen der klassischen und der erlebnisorientierten Gästeführung sei eine gleichzeitige Ansprache mehrerer Ebenen, der emotionalen und der kognitiven.

Im Gegensatz zur klassischen Gästeführung räumt B. Krull der Erlebnisvermittlung einen leicht höheren Stellenwert ein als der Wissensvermittlung. Das Verhältnis liege bei ungefähr 60 zu 40. Von den Teilnehmern werde es allerdings oftmals im ausgewogenen Verhältnis wahrgenommen.

Leitthema: Methoden

Die Umwandlung von der klassischen Führung hin zur Erlebnis-Gästeführung versteht die Expertin generell als einen Prozess, bei dem die Gästeführung an Persönlichkeit gewinne. Sie ist der Meinung, der Erlebnisaspekt könne methodisch auf verschiedenen Wegen umgesetzt werden.

Die Standortauswahl spielt ihrer Meinung nach eine große Rolle, ebenso wie das Einbeziehen von authentischen Personen der Destination. Der Teilnehmer solle die Führung als eine Gelegenheit verstehen, um Einmaliges und Besonderes kennen zu lernen. Als Teilnehmer soll er sich folglich auch als etwas Besonderes fühlen.

Eine weitere wichtige Methode sei die Sinnesansprache. Es solle etwas geboten werden, dass Augen, Ohren und Geschmack anspreche. B. Krull selbst spricht diese Sinne durch lokale gastronomische Produkte und Spezialitäten an. Diese werden an passenden Örtlichkeiten inhaltlich aufbereitet (Sekt als Begrüßung, regionaler Wein beim Winzer, Cappuccino in einem denkmalgeschützten typischen Lokal, Käsehäppchen in einer attraktiven, regional typischen Käsestube). Die sinnliche Ansprache von Ohr und Auge realisiert die Expertin durch kostümierte Schauspieler als Gästeführer, die durchgängig eine altertümliche Sprache benutzen und Goethe Zitate einbringen.

Der aktiven Beteiligung räumt die Gesprächspartnerin einen besonderen Stellenwert ein. Bereits kleine Aktivitäten förderten nachhaltig den Erlebniswert, da sie überraschen und für Spannung sorgen würden. Wichtig sei dabei die Unterstützung des Gästeführers, der oft Hemmungen abbauen müsse. Hier führt die Expertin an, dass, wenn

Hemmungen erst einmal abgebaut seien und die Teilnehmer sich auf etwas einließen, sich ein „positives Gefühl" einstelle. Eine aktive Teilnahme geschehe beispielsweise durch Mitmachtheater und eine permanente persönliche Ansprache der Gäste.

Auch die dramaturgische Aufbereitung sei entscheidend. Die Örtlichkeit müsse mit dem Inhalt übereinstimmen. Auch müsse das Timing für die gastronomischen Genüsse mit dem thematischen roten Faden abgestimmt und ausgewogen sein. Den Erlebniswert versucht die Expertin in der *Mephisto Tour* mittels kleiner Aufmerksamkeiten in Form von Souvenirs oder Giveaways zu erreichen. Im Großen und Ganzen solle eine Spannung herrschen, die die Teilnehmer fessele und begeistere. Selbstverständlich, fügt B. Krull hinzu, müsse eine sachliche Richtigkeit der Informationen gewährleistet sein.

Die Methoden, die die Expertin verwendet, stützten sich auf die Erfüllung der Bedürfnisse nach der Bedürfnispyramide von Maslow. Zum Zweck einer Zufriedenstellung des Gastes solle möglichst jeder Stufe der Pyramide Beachtung geschenkt werden.

Leitthema: Rolle des Gästeführers
Während der gesamten Führung spiele der Führer im Sinne der Erlebnisvermittlung eine zentrale Rolle. Ferner sei er dafür verantwortlich, den Teilnehmern ein Sicherheitsgefühl zu vermitteln. Deshalb sei eine Begrüßung und Abholung der Gruppe besonders wichtig. Elementar seien ein Servicedenken und Kenntnisse der Gruppenführung und Rhetorik. Daneben müsse der Gästeführer Selbstbewusstsein und Lebensfreude ausstrahlen und in der Lage sein, die Gruppe zu begeistern. Statt auf Kenntnisse der klassischen Theorie der Gästeführung setzt die Gesprächspartnerin eher auf die Persönlichkeit des Führers, die die Führung trägt. Die Gästeführer erhielten eine Schauspiel-Ausbildung nach dem Konzept von *TIMEWALKING*. Eine schauspielerische Ausbildung oder Begabung können deshalb ebenso von Vorteil ein.

Leitthema: Konzepterstellung
Mit Kenntnissen über die Geschichte einer Destination erkundet die Expertin zunächst den Ort und versucht, sich ein ganzheitliches Bild zu verschaffen. Dabei versucht sie, den „Geist der Stadt zu erspüren" und versucht, ein Alleinstellungsmerkmal ausfindig zu machen. Ebenfall untersucht sie das vorhandene touristische Angebot der

Destination. Es sei besonders wichtig herauszufinden, auf welche Merkmale die Einwohner stolz seien. Auch die vorhandene Gastronomie und lokale Produkte spielten für sie eine Rolle.

Folglich sucht B. Krull eine Figur als Aufhänger, die die Führung thematisch trägt. Diese Figur müsse kulturell oder historisch mit der Destination verwachsen sein. Um sie aufzubauen, recherchiere die Expertin und führe Interviews. Neben historischen Fakten seien auch Anekdoten von großer Bedeutung. Ferner versucht sie herauszufinden, wie die Bevölkerung zu der Figur stehe, ob sie negativ oder positiv behaftet sei und wie mit den historischen Fakten umgegangen werde.

Für den Erfolg der Gästeführung ist nach Meinung der Expertin die Zusammenarbeit mit den örtlichen Entscheidungsträgern und touristischen Institutionen entscheidend. Es müssten gemeinsame Vorstellungen existieren. Ferner sollte die Bevölkerung eine positive Einstellung zu der Erlebnis-Führung und ihren Inhalten haben.

Leitthema: Übertragbarkeit der Methoden
B. Krull ist der Meinung, dass Erlebnis-Gästeführungen fast überall angeboten werden könnten. „Fast jeder Ort hat eine Seele, die man finden und herausholen kann" (Krull, Interview vom 29.11.2003).

Leitthema: Langfristigkeit
Die Expertin nimmt eine ausschließlich positive Resonanz auf die Mephisto-Führung wahr. Die Führung sei innerhalb kürzester Zeit publik geworden. Es bestehe ein andauerndes Interesse seit ihrer Einführung im Jahr 2001. Die Teilnehmer seien begeistert und trügen durch eine positive Mundpropaganda zum Erfolg der Führung bei. Auch die Presse zeige sich sehr interessiert. Aufgrund des dauerhaften Erfolgs sieht B. Krull einen langfristigen Trend von erlebnisorientierten Angeboten und plant, die Führung in gewissen Aspekten zu verändern, um sie für wiederkehrende Besucher interessant zu machen.

8.2.4 Fazit

Das Interview untermauert viele Erkenntnisse dieser Arbeit. Es konnten viele Ergebnisse bestätigt werden, die, aufgrund Literaturmangels, zum Teil von übergeordneten Theorien auf die Gästeführung hin abgeleitet werden mussten.

Im Kontext einer Erlebnisorientierung in Freizeit und Tourismus bestätigte die Expertin einen konkreten Trend zu Erlebnis-Gästeführungen. Aus eigner Erfahrung als Seminarleiterin bestätigt sie einerseits Interesse der Anbieter für Erlebnis-Gästeführungen, andererseits einen Mangel an Kenntnissen zur Umsetzung. Insbesondere Erlebnis-Führungen müssen auf einem fundierten Konzept basieren, da Enttäuschungen gerade auf dem Erlebnismarkt enorme negative Folgen haben. Folglich untermauert das Experteninterview die These der Arbeit und erachtet zugleich ihre Zielsetzung, die Erstellung von Kriterien als Hilfestellungen zur Umsetzung des Erlebnisaspektes, als sinnvoll.

Darüber hinaus bestätigt und vertieft das Experteninterview Ergebnisse der Beobachtung. Im Interview wurden die beobachteten Methoden konkret benannt. Daraus kann die Richtigkeit der Ergebnisse sowie der Methodenwahl geschlussfolgert werden. Die Expertin benannte konkret Methoden der Mephisto-Tour zur Erlebnisvermittlung: Sinnesansprache, Exklusivität (Wertschätzung des Publikums), Wahrnehmungslenkung, erlebnisorientierte Wissensvermittlung sowie erlebnisorientiertes Lernen durch Verbindung emotionaler und kognitiver Ebenen, Schaffung emotionaler Zugänge, Standortauswahl, Authentizität, aktive Beteiligung der Teilnehmer, Dramaturgie (Spannung, Überraschungseffekte), Rolle des Gästeführers als Erlebnisgefährte, Thematisierung, roter Faden, Souvenirs/Giveaways, Befriedigung innengeleiteter Bedürfnisse (Selbstverwirklichung als höchste Stufe der Bedürfnispyramide von Maslow).

Das Interview hat verdeutlicht, dass das Konzept der Mephisto-Tour auf Servicedenken und einer durchdachten Organisation beruht. Des weiteren herrscht ein Bewusstsein für das Sicherheitsbedürfnis der Kunden, das speziell durch eine Empfangs- und Begrüßungsphase befriedigt werden soll. Die Expertenmeinung untermauert im Hinblick auf einen langfristigen Erfolg die Bedeutung einer standortspezifischen Themenwahl, die gleichzeitig ein Alleinstellungsmerkmal formen sollte. Auch eine

Einbeziehung der einheimischen Bevölkerung, insbesondere eine Zusammenarbeit mit Entscheidungsträgern und touristischen Institutionen, ist entscheidend.

Darüber hinaus bestätigt das Experteninterview die vielschichtigen Begründungen für erlebnisorientierte Führungen (Kap. 3.4.1). Die Vorteile sind nicht nur eine Selbstverwirklichung der erlebnisrationalen Konsumenten, sondern auch wirtschaftliche Profite für die touristische Destination. Ein Fremdenverkehrsort, der sich erlebnisrational präsentiert und einen Zugang auf der emotionalen Ebene schafft, erzeugt bei den Gästen ein nachhaltiges positives Gefühl, das zu einem positiv emotionsgeladenen Image führt.

Die Expertin geht von einem langfristigen Trend zu Erlebnis-Führungen aus und ist der Meinung, dass jeder Ort Potenzial für erlebnisorientierte Führungen bietet. Daraus lässt sich eine Gültigkeit und Übertragbarkeit für das Thema ableiten. Selbst Destinationen, die auf den ersten Blick wenige Vorraussetzungen liefern, können erlebnisrational aufbereitet werden und so an Anziehungskraft gewinnen. Darüber hinaus liefert das Experteninterview Informationen darüber, wie bei einer Konzepterstellung vorgegangen werden kann.

9. Resümee und Ausblick

Auf den zurückliegenden Seiten wurde versucht, einem neuen touristischen Phänomen näher zu kommen, es zu begründen und Möglichkeiten zur Umsetzung aufzuzeigen. Es durfte nicht versäumt werden, dieses wichtige und traditionelle touristische Marketinginstrument der Gästeführung, in den Kontext der gesellschaftlichen Erlebnisorientierung zu stellen. Es galt, einen theoretischen Rahmen zu schaffen, aus dem Rückschlüsse auf eine strategische Umsetzung des Erlebnisaspektes bei Gästeführungen gezogen werden konnten. Aus der Notwendigkeit eines tiefgreifenden Verständnisses für die psycho-physische Gestalt des Erlebnisses bietet die vorliegende Arbeit eine theoriegeleitete Plattform, verbunden mit Erkenntnissen zur Realisierung. Das Ergebnis ist ein Kriterienkatalog, der als eine Art Leitfaden für die Konzipierung auf praktischer Ebene dient und somit zu einer Optimierung und Innovation des touristischen Angebots beiträgt.

Da die Diskussion im Theorieteil dieser Arbeit auf einer zunächst allgemeinen Ebene statt gefunden hat, können die Erkenntnisse auch auf weitere touristische und freizeitorientierte Angebote bezogen werden. Darüber hinaus bezieht sich ein Großteil der Erkenntnisse direkt auf die psychologischen Aspekte des Erlebens, was zur Folge hat, dass sie ebenso auf viele andere Bereiche, wo erlebnisorientiertes Handeln gefordert ist, gelten und übertragen werden können.

Während der Erstellung der Arbeit, bei der verschiedene, voneinander unabhängige wissenschaftliche Theorien thematisiert wurden, kristallisierten sich immer wieder gleiche Elemente heraus. Beispielsweise zogen sich die Elemente Reflexion oder Aktivität, wie rote Fäden durch die Kapitel, zwar jedes Mal in anderen Zusammenhängen, jedoch sehr prägnant. Elementen, die in mehreren Kapiteln eine Rolle spielten, kann inhaltlich eine besondere Bedeutung zugeschrieben werden. Meines Erachtens ergeben sich durch die häufige Wiederkehr einiger Elemente ihre Gültigkeit und eine tiefere Begründung für die daraus folgenden Kriterien.

In Anbetracht der auf gesellschaftlicher Ebene verankerten Erlebnisrationalität müssen weitere Untersuchungen zugunsten einer erlebnisstrategischen Gestaltung von Freizeit- und Tourismusangeboten folgen. Der Kriterienkatalog dieser Arbeit kann als Grundlage für ein weiterführendes und spezifischer ausgefeiltes Bewertungsschema für Erlebnis-Gästeführungen dienen. Im Hinblick auf die anspruchsvolle Absicht, Erlebnisse zu vermitteln, wäre eine Ausarbeitung eines Bewertungsleitfadens mit analytischem Schwerpunkt sinnvoll, der auch Reaktionen der Teilnehmer erfasst.

Die Arbeit verdeutlicht, dass Erlebnisrationalität aus einem gesellschaftlichen Wandel resultiert. Aufgrund dessen ist erkennbar, dass die Suche nach Erlebnissen kein kurzfristiger Trend ist. Es muss davon ausgegangen werden, dass die Innenorientierung der Gesellschaft weiterhin bestehen bleibt. Im Rahmen der erlebnisorientierten Gesellschaft kann prognostiziert werden, dass sich Tourismusakteure zukünftig stärker mit den innengeleiteten Bedürfnissen der Konsumenten sowie psychologischen Aspekten auseinander setzen müssen. Vor diesem Hintergrund ist es für die Zukunft unerlässlich, weitere Erkenntnisse für eine erlebnisstrategische Gestaltung von Angeboten zu gewinnen und somit den veränderten Konsumentenwünschen gerecht zu werden.

10. Literaturverzeichnis

ANFT, Michael: Flow. In: Hahn, Heinz & Kagelmann, H. Jürgen (Hrsg.): Tourismuspsychologie und Tourismussoziologie. Ein Handbuch zur Tourismuswissenschaft. München: Quintessenz, 1993, S. 141-147.

BACHLEITNER, Reinhard & KAGELMANN, H. Jürgen (Hrsg.): Kultur / Städte / Tourismus. München, Wien: Profil, 2003.

BACON, Stephen: The Evolution of the Outward Bound Process. Greenwich: Conneticut USA, 1987.

BARTL, Harald; SCHÖPP, Ulrich & WITTPOHL, Andreas: Gästeführung in der Fremdenverkehrspraxis. Leitfaden für die Ausbildung von Gästeführern in Fremdenverkehrsorten. München: Huss, 1986.

CSIKSZENTMIHALYI, Mihaly & Isabella S. (Hrsg.): Die außergewöhnliche Erfahrung im Alltag: Die Psychologie des flow-Erlebnisses. Stuttgart: Klett-Cotta, 1991.

CSIKSZENTMIHALYI, Mihaly: Das flow-Erlebnis: Jenseits von Angst und Langeweile im Tun aufgehen. 8. Auflage. Stuttgart: Klett-Cotta, 2000.

DEUTSCHES SEMINAR FÜR FREMDENVERKEHR (DSF) (Hrsg.): Praktischer Leitfaden für Gästeführungen in deutschen Fremdenverkehrsorten. Berlin: DSF, 1993.

DEUTSCHES SEMINAR FÜR TOURISMUS Berlin (DSFT) (Hrsg.): Erlebnis-Marketing. Trendangebote im Tourismus. Ein Lesebuch für Praktiker. Aktualisierte Ausgabe. Berlin: DSFT, 1997.

DILTHEY, Wilhelm: Das Erlebnis und die Dichtung. Lessing, Goethe, Novalis, Hölderlin. 15. Auflage. Göttingen: Kleine Vandenhoeck-Reihe, 1970.

DREYER, Axel: Der Markt für Kulturtourismus. In: Dreyer, Axel (Hrsg.): Kulturtourismus. München, Wien: Oldenbourg, 1996, S. 25-48.

FINGER, Claus & GAYLER, Brigitte: Animation im Urlaub. Handbuch für Planer und Praktiker. 3. vollständig überarbeitete und aktualisierte Auflage. München: Oldenbourg, 2003.

FINK-KÜMMERLY & FREY: Freizeit-Lexikon. Neue Begriffe aus Politik, Wissenschaft, Praxis. Ostfilden: Deutsche Gesellschaft für Freizeit, 1986.

FREERICKS, Renate: Reiseleitung im Kulturtourismus. In: Dreyer, Axel (Hrsg.): Kulturtourismus. München, Wien: Oldenbourg, 1996, S. 345-362.

FREERICKS, Renate: Erlebniswelten: Mobilisierung informellen Lernens. In: Nahrstedt, Wolfgang et al. (Hrsg.): Lernen in Erlebniswelten. Perspektiven für Politik, Management und Wissenschaft. Proceedings einer Fachtagung. Bielefeld: IFKA, 2002, S. 17-18. (IFKA-Dokumentation Band 22.)

GÜNTER, Wolfgang: Allgemeine Didaktik und Methodik der Studienreise. In: Günter, Wolfgang (Hrsg.): Handbuch für Studienreiseleiter. Pädagogischer, psychologischer und organisatorischer Leitfaden für Exkursionen und Studienreisen. 2. überarbeitete und ergänzte Auflage. Starnberg: Studienkreis für Tourismus, 1991, S. 200-224.

GÜSE, Ernst-Gerhard (Hrsg.): Die Tunisreise. Klee, Macke, Moilliet. Stuttgart: Gerd Hatje, 1982.

HARTMANN, Hans A. & HAUBL, Rolf (Hrsg.): Freizeit in der Erlebnisgesellschaft. Amüsement zwischen Selbstverwirklichung und Kommerz. Opladen: Westdeutscher Verlag, 1996.

HECKMAIR, Bernd & MICHL, Werner: Erleben und Lernen. Einstieg in die Erlebnispädagogik. 3. überarbeitete Auflage. Neuwied, Kriftel, Berlin: Hermann Luchterhand, 1998.

HENNINGS, Gerd: Erlebnis- und Konsumwelten: Steuerungsfaktoren – Akteure – Planung. In: Steinecke, Albrecht (Hrsg.): Erlebnis- und Konsumwelten. München, Wien: Oldenbourg, 2000, S. 55-75.

HUFENUS, Hanspeter: Erlebnispädagogik – Grundlagen. In: Herzog, Fridolin (Hrsg.): Erlebnispädagogik. Schlagwort oder Konzept? Luzern: Edition SZH/SPC, 1993, S. 85-99.

ISENBERG, Wolfgang (Hrsg.): Kathedralen der Freizeitgesellschaft. Kurzurlaub in Erlebniswelten. Trends, Hintergründe, Auswirkungen. 2. erweiterte Auflage. Bergisch Gladbach: Thomas-Morus-Akademie, 1998a. (Bensberger Protokolle; 83.)

ISENBERG, Wolfgang (Hrsg.): Fernweh, Seelenheil, Erlebnislust. Von Reisemotiven und Freizeitfolgen. Bergisch Gladbach: Thomas-Morus-Akademie, 1998b. (Bensberger Protokolle; 92.)

ISENBERG, Wolfgang: Spontane länderkundliche Forschung auf Studienreisen. In: Günter, Wolfgang (Hrsg.): Handbuch für Studienreiseleiter. Pädagogischer, psychologischer und organisatorischer Leitfaden für Exkursionen und Studienreisen. 2. überarbeitete und ergänzte Auflage. Starnberg: Studienkreis für Tourismus, 1991, S. 225-236.

KAGELMANN, H. Jürgen: Erlebniswelten. Grundlegende Bemerkungen zum organisierten Vergnügen. In: Rieder, Max & Bachleitner, Reinhard & Kagelmann, H. Jürgen: Erlebnis Welten. Zur Kommerzialisierung der Emotionen in touristischen Räumen und Landschaften. München, Wien: Profil, 1998. S. 58-94.

KLAWE, Willy & BRÄUER, Wolfgang: Erlebnispädagogik zwischen Alltag und Alaska. Praxis und Perspektiven der Erlebnispädagogik in den Hilfen zur Erziehung. 2. Auflage. Weinheim, München: Juventa Verlag, 1998.

KÖLSCH, Hubert (Hrsg.): Wege moderner Erlebnispädagogik. München: Fachhochsch.-Schr. Sandmann, 1995.

KRULL, Barbara, Experteninterview geführt am 29.11.2003 in Staufen, Breisgau.

KÜBLBÖCK, Stefan: Zwischen Erlebnisgesellschaft und Umweltbildung. Informations-zentren in Nationalparken, Naturparken und Biosphärenreservaten. München, Wien: Profil Verlag, 2001. (Eichstätter Tourismuswissenschaftliche Beiträge.)

MAYRING, Philipp: Einführung in die qualitative Sozialforschung. Eine Anleitung zu qualitativem Denken. 3. überarbeitete Auflage. Weinheim: Psychologie Verlags Union, 1996.

MEYERS KLEINES LEXIKON PÄDAGOGIK. Mannheim: Bibliographisches Institut & F. A. Brockhaus, 1988.

MORASCH, Ludwig: Neue Wege im Tourismus. Reale Erlebniswelten. In: Isenberg, Wolfgang (Hrsg.): Kathedralen der Freizeitgesellschaft. Kurzurlaub in Erlebniswelten. Trends, Hintergründe, Auswirkungen. Bensberg: Thomas Morus Akademie, 1998, S. 51-64.

MOSER, Heinz: Grundlagen für die Praxisforschung. Freiburg im Breisgau: Lamber-tus, 1995.

MOSER, Heinz: Instrumentenkoffer für den Praxisforscher. 2. erweiterte Auflage. Frei-burg im Breisgau: Lambertus, 1998.

NAHRSTEDT, Wolfgang et al.: Bildung und Freizeit. Konzepte freizeitorientierter Wei-terbildung. Bielefeld: IFKA, 1994.

NAHRSTEDT, Wolfgang: Die Kulturreise. In: Dreyer, Axel (Hrsg.): Kulturtourismus. München, Wien: Oldenbourg, 1996, S. 5-24.

NAHRSTEDT, Wolfgang et al.: Lernort Erlebniswelt. Neue Formen informeller Bildung in der Wissensgesellschaft. Bielefeld: IFKA, 2002. (IFKA-Schriftenreihe Band 20.)

OPASCHOWSKI, Horst W.: Arbeit, Freizeit, Lebenssinn? Orientierung für eine Zu-kunft, die längst begonnen hat. Opladen: Leske und Budrich, 1983.

OPASCHOWSKI, Horst W.: Psychologie und Soziologie der Freizeit. Opladen: Leske und Budrich, 1988.
OPASCHOWSKI, Horst W.: Freizeitökonomie. Marketing von Erlebniswelten. 2. durch-gesehene Auflage. Opladen: Budrich und Leske, 1995.

OPASCHOWSKI, Horst W.: Einführung in die Freizeitwissenschaft. 3. aktualisierte und erweiterte Auflage. Opladen: Leske und Budrich, 1997a.

OPASCHOWSKI, Horst W.: Events im Tourismus. Sport-, Kultur- und Städtereisen. Europäische Tourismusanalyse `96/97 vom Freizeit-Forschungsinstitut der British American Tobacco. Hamburg: British American Tobacco, 1997b.

OPASCHOWSKI, Horst W.: Kathedralen des 21. Jahrhunderts. Die Zukunft von Frei-zeitparks und Erlebniswelten. Hamburg: British-Tobacco Germany, 1998.

OPASCHOWSKI, Horst W.: Kathedralen des 21. Jahrhunderts. Erlebniswelten im Zeit-alter der Eventkultur. Hamburg: Germa Press, 2000a.

OPASCHOWSKI, Horst W.: Kathedralen und Ikonen des 21. Jahrhunderts: Zur Faszination von Erlebniswelten. In: Steinecke, Albrecht (Hrsg.): Erlebnis- und Konsumwelten. München, Wien: Oldenbourg, 2000 b, S. 44-53.

OPASCHOWSKI, Horst W.: Tourismus. Eine systematische Einführung. 3. aktualisierte und erweiterte Auflage. Opladen: Leske und Budrich, 2002a.

OPASCHOWSKI, Horst W.: Wir werden es erleben. Zehn Zukunftstrends für unser Leben von morgen. Darmstadt: Wissenschaftliche Buchgesellschaft, 2002b.

PLÖHN, Inken: Flow-Erleben. Eine erlebnispädagogische Anleitung zum Motivationstraining für Jugendliche. Neuwied, Kriftel, Berlin: Luchterhand, 1998. (Schriftenreihe Erleben & Lernen Band 5.)

REINERS, Anette: Erlebnis und Pädagogik. Praktische Erlebnispädagogik. Ziele, Didaktik, Methodik, Wirkungen. München: Fachhochsch.-Schr. Sandmann, 1995.

ROMEIß-STRACKE, Felizitas: Was haben wir gegen künstliche Paradiese? Zur Inszenierung von Erlebnisräumen. In: Isenberg, Wolfgang (Hrsg.): Kathedralen der Freizeitgesellschaft. Kurzurlaub in Erlebniswelten. Trends, Hintergründe, Auswirkungen. Bensberg: Thomas Morus Akademie, 1998, S. 175-182.

SANDER, Andrea: Mehr als „nur" Erlebnis?! Pfadfinder, Werte und Erlebnispädagogik. In: Schirp, Jochem (Hrsg.): Abenteuer – Ein Weg zur Jugend?! Differenz und Integration. Möglichkeiten, Erträge und Grenzen der Erlebnispädagogik an der Jahrtausendwende. Potsdam: bdj, 2000, S. 46-52.

SCHLOSSER, Janette: Freizeit- und reisepädagogische Methoden. Ein Beitrag zu neuen Formen der Reiseleitung. In: Nahrstedt, Wolfgang (Hrsg.): Der Reiseleiter im Europa '93. Arbeitsfeld, Berufsbild, Ausbildung. Dokumentation des 3. Bielefelder Tourismustages. Bielefeld: IFKA, 1993, S. 103-110.

SCHMEER-STURM, Marie-Louise: Gästeführung. In: Hahn, Heinz & Kagelmann, H. Jürgen (Hrsg.): Tourismuspsychologie und Tourismussoziologie. Ein Handbuch zur Tourismuswissenschaft. München: Quintessenz, 1993, S. 507-510.

SCHMEER-STURM, Marie-Louise: Gästeführung. Grundkurs zur Vorbereitung und Durchführung von Besichtigungen. 3. überarbeitete Auflage. München, Wien: Oldenbourg Verlag, 1996.

SCHMEER-STURM, Marie-Louise: Reiseleitung. Grundkurs. 3. völlig überarbeitete Auflage. München, Wien: Oldenbourg, 1997.

SCHOBER, Reinhard: (Urlaubs-)Erleben, (Urlaubs-)Erlebnis. In: Hahn, Heinz & Kagelmann, H. Jürgen (Hrsg.): Tourismuspsychologie und Tourismussoziologie. Ein Handbuch zur Tourismuswissenschaft. München: Quintessenz, 1993a, S. 137-140.

SCHOBER, Reinhard: Atmosphäre. In: Hahn, Heinz & Kagelmann, H. Jürgen (Hrsg.): Tourismuspsychologie und Tourismussoziologie. Ein Handbuch zur Tourismuswissenschaft. München: Quintessenz, 1993b, S. 119-121.

SCHOBER, Reinhard: Motive des Reisens. Zum Attraktionswert der Urlaubsreise. Perspektiven der kreativen Umsetzung. In: Studienkreis für Tourismus (Hrsg.): Reisemotive – Länderimages – Urlaubsverhalten. Neue Ergebnisse der psychologischen Tourismusforschung. Bericht über eine Fachtagung des Studienkreises für Tourismus e.V. im Rahmen der 15. Internationalen Tourismus-Börse am 4. März 1981 in Berlin. Starnberg: StfT, 1981, S. 45-53.

SCHROB, A. O. & SIMMERDING, Gertrud (Hrsg.): Lehrkolleg, Lernen im Museum. München: TR-Verlagsunion, 1977.

SCHROEDER, Günter: Schroeder Lexikon der Tourismus-Wirtschaft. 4. Auflage. Hamburg: Tour Con Hannelore Niedecken, 2002

SCHULZE, Gerhard: Die Erlebnisgesellschaft. Kultursoziologie der Gegenwart. 2. Auflage. Frankfurt/Main, New York: Campus Verlag, 1992.

STEINBACH, Josef: Tourismus. Einführung in das räumlich-zeitliche System. München, Wien: Oldenbourg, 2003.

STEINECKE, Albrecht: Inszenierung im Tourismus: Motor der künftigen touristischen Entwicklung. In: Steinecke, Albrecht & Treinen, Mathias (Hrsg.): Inszenierung im Tourismus. Trends – Modelle – Prognosen. 5. Tourismus-Forum Luxemburg. Trier: Europäisches Tourismus Institut, 1997, S. 7-17 (ETI-Studien Band 3.)

STEINECKE, Albrecht: Tourismus und neue Konsumkultur: Orientierungen – Schauplätze – Werthaltungen. In: Steinecke, Albrecht (Hrsg.): Erlebnis- und Konsumwelten. München, Wien: Oldenbourg, 2000, S. 11-27.

STILLER, Hartmut: schriftliche Beschreibung der Gästeführungen von *Historix-Tours* hinsichtlich ihrer Methoden und Aspekte am 12.02.2004.

THEISEN, Manuel R.: ABC des wissenschaftlichen Arbeitens. Erfolgreich in Schule, Studium und Beruf. 2. Auflage. München: C. H. Beck, 1995.

VESTER, Heinz-Günter: Authentizität. In: Hahn, Heinz & Kagelmann, H. Jürgen (Hrsg.): Tourismuspsychologie und Tourismussoziologie. Ein Handbuch zur Tourismuswissenschaft. München: Quintessenz, 1993, S. 122-124.

VOGEL, Helmer: Reiseleiter, Reiseführer. In: Hahn, Heinz & Kagelmann, H. Jürgen (Hrsg.): Tourismuspsychologie und Tourismussoziologie. Ein Handbuch zur Tourismuswissenschaft. München: Quintessenz, 1993, S. 515-521.

WACHTER, Markus: Künstliche Freizeitwelten – touristisches Phänomen und kulturelle Herausforderung. Frankfurt am Main, Berlin, Bern, Bruxelles, New York, Oxford, Wien: Peter Lang, 2001. (Europäische Hochschulschriften, Reihe IV, Geographie und Heimatkunde, Band 20.)

WAGNER, Erwin: Unterentwicklung er-fahren? In: Günter, Wolfgang (Hrsg.): Handbuch für Studienreiseleiter. Pädagogischer, psychologischer und organisatorischer Leitfaden für Exkursionen und Studienreisen. 2. überarbeitete und ergänzte Auflage. Starnberg: Studienkreis für Tourismus, 1991, S. 289-300.

WEBER, Carl-Hans: Städtereisen. In: In: Dreyer, Axel (Hrsg.): Kulturtourismus. München, Wien: Oldenbourg, 1996, S. 51-69.

WENZEL, Carl-Otto & FRANCK, Jochen: Euro Disney und Mall of America. In: Isenberg, Wolfgang (Hrsg.): Kathedralen der Freizeitgesellschaft. Kurzurlaub in Erlebniswelten. Trends, Hintergründe, Auswirkungen. Bensberg: Thomas Morus Akademie, 1998, S. 73-130.

WITTE, Matthias D.: Erlebnispädagogik: Transfer und Wirksamkeit. Möglichkeiten und Grenzen des erlebnis- und handlungsorientierten Erfahrungslernens. Lüneburg: Verlag edition erlebnispädagogik, 2002. (Schriftenreihe Grundlagen der modernen Erlebnispädagogik Band 5.)

Anhang

BEOBACHTUNGSLEITFADEN

(unterstrichene Antwort trifft zu)

I. Leitthema: DIDAKTISCHE DIMENSION

1. Liegt der inhaltliche Schwerpunkt bei der Vermittlung von Erlebnissen oder bei der Wissensvermittlung?
- *Der Schwerpunkt kann nicht eindeutig einem Aspekt zugeordnet werden. Wissensvermittlung und der Erlebnisaspekt haben anscheinend die gleiche Gewichtung.*

Wie wird dies deutlich?
- *Es werden viele Informationen gegeben. Die Vermittlung erfolgt auf unterhaltsame und erlebnisorientierte Weise. Darüber hinaus tauchen viele Programmpunkte auf, die nur zur Unterhaltung der Gäste dienen und den Erlebniseffekt erhöhen.*

2. Hat die Gästeführung eine übergeordnete Thematik?
<u>ja</u>   teilweise   nein

Welche?
- *Legende des Dr. Faust, der sich auf einen Pakt mit dem Teufel (Mephisto) einließ. Dr. Faust ist eine historische Persönlichkeit des Ortes Staufen. Mephisto schildert die Lebensgeschichte Fausts aus seiner Sicht.*

3. Besteht ein inhaltlicher roter Faden?
<u>ja</u>   teilweise   nein

Inwiefern?
- *Die Lebensgeschichte des Dr. Faust ist gleichzeitig der rote Faden der Führung. Es werden auch thematische Exkurse zu anderen Themen vorgenommen (z.B. Staufer). Diese werden jedoch in die zentrale Geschichte inhaltlich eingebunden (z.B. Dr. Faust bekam einen Auftrag von der Stauferfamilie).*

4. Passen die ausgewählten Sehenswürdigkeiten inhaltlich zur Thematik?
<u>immer</u>
manchmal   selten   gar nicht

Inwiefern?

- *Die Sehenswürdigkeiten und Standorte bilden eine Einheit mit dem Thema. Die Altstadt Staufens ist zugleich die Kulisse der Geschichte und untermalt authentisch die historischen Geschehnisse.*

5. Motivbündelung bieten (z.B. Geselligkeit, Unterhaltung, Bildung usw.)
   a. Werden mehrere Bedürfnisse angesprochen?
      <u>ja</u>   nein

Welche?
*- Ganz deutlich ist erkennbar, dass die Mephisto-Tour gleichzeitig Unterhaltung, so-
wie Informationen bietet. Ferner spielen Geselligkeit, eine angenehme Atmosphäre
und Aktivität eine Rolle. Kulinarische Genüsse und kleine Aufmerksamkeiten runden das Programm ab. Alle Faktoren zusammen lassen die Tour zu einem informa-
tiven Vergnügen werden.*

---

6. Der Gästeführer als Erlebnisgefährte
 a. Dient der Gästeführer der reinen Wissensvermittlung?
  ja   teilweise   <u>nein</u>

Wie wird dies sichtbar?
*- Der Gästeführer führt die Gruppe nicht im klassischen Sinne. Seine Aufgabe geht
weit über die reine Wissensvermittlung hinaus. Er ist vielmehr ein Medium der Erlebnisvermittlung.*

 b. Tritt der Gästeführer als Animateur der Erlebnisvermittlung auf?
<u>ja</u>   teilweise   nein

Wie wird dies sichtbar?
*- Der Gästeführer ist ein Schauspieler, der als Mephisto auftritt. Er ist Protagonist
der Geschichte und Erzähler zugleich. Die Informationsvermittlung erfolgt stets auf
erlebnisorientierte Art, praktisch wie bei einer Theateraufführung. Der Gästeführer
trägt dazu bei, dass das Publikum in die Geschichte eintauchen kann.*

 c. Strahlt der Gästeführer Enthusiasmus, Engagement, Lebensfreude aus?
<u>ja</u>   teilweise   nein

Wie wird dies sichtbar?
*- Er ist stark motiviert und animiert die Teilnehmer aus ihrer passiven Rolle heraus
zu kommen, außerdem ist er in der Lage eine Gefühlsansteckung zu provozieren.
Darüber hinaus sind seine Äußerungen humorvoll und sehr spitzfindig und mischen
die Gruppe auf.*

Erlebnisbereiche
7. Erlebnisbereiche: Aktivität, Kreativität und Geselligkeit
Findet eine aktive Beteiligung z.B. in Form von spielerischer/körperlicher Bewegung
statt?   <u>ja</u>   teilweise   nein
Inwiefern?
*- Die Mephisto-Tour enthält zahlreiche Programmpunkte, die eine aktive Teilnahme
der Gäste fördern (z.B. Mitmachtheater, Turmbesteigen, Ausprobieren, ob der eigene Fuß in den Hufabdruck des Teufels passt, direkte Ansprache des Publikums).*

 a. Wird die Kommunikation in der Gruppe gefördert?
  ja   <u>teilweise</u>   nein

Inwiefern?
*- Gespräche finden eher in den Entspannungsphasen statt. Darüber hinaus provo-
ziert Mephisto mit seinen spitzfindigen und humorvollen Kommentaren Gespräche
unter den Gästen. Die direkte Ansprache des Publikums bezweckt zwar immer*

wieder kurze Dialoge zwischen Gästeführer und Publikum, längere Gespräche ent-
stehen jedoch nicht.

    b. Findet Fortbewegung auf eine besondere Art und Weise statt?
        ja   teilweise   <u>nein</u>
Inwiefern?

- Die Führung findet in Form eines Rundganges statt. Hervorgehoben werden muss
allerdings, dass die Wege oft in einem sehr schnellen Tempo zurückgelegt werden,
so dass die Gruppe hin und wieder hinter dem Gästeführer her laufen muss.

    c. Gelten innerhalb der Gästeführung andere 'Spielregeln' als im Alltag?

<u>ja</u>   teilweise   nein
Inwiefern?
- Innerhalb der Mephisto-Tour gelten andere 'Spielregeln' und Anschauungsweisen:
Mephisto präsentiert den Ort aus seiner teuflischen Sicht. Im Gegensatz zu klassi-
schen Führungen, bei denen Sakralbauten oft mit Ehrfurcht und Stolz präsentiert
werden, steht der Teufel diesen auf humorvolle Art feindlich gegenüber. Die Gruppe
muss einen weiten Bogen um diese Gebäude machen, da sie eine 'negative Wir-
kungen' auf Mephistos Befinden haben. Tragische Ereignisse, wie z.B. Kirchen-
brände werden aus Sicht des Teufels als freudige Momente dargestellt. Diese An-
schauungsweise zieht sich durchgehend durch die Führung und gibt ihr eine einzig-
artige Note.

    d. Bekommt der Teilnehmer die Möglichkeit einem kreativen Tun nachzugehen?
        ja   <u>teilweise</u>   nein

Inwiefern?

- Die Personen, die ausgewählt wurden die 'Gretchen-Szene' nachzuspielen kön-
nen zum Teil kreativ sein, um ihre Rolle zu spielen.

8. Erlebnisbereich: Abenteuer
    a. Wird die Naturverbundenheit bestärkt?
        ja   teilweise   <u>nein</u>

Inwiefern?

    b. Muss die Gruppe eine schwierige Situation überwinden?
        ja   teilweise   <u>nein</u>

Inwiefern?

    c. Befindet sich die Gruppe in einer Distanz zur Zivilisation?
        ja   teilweise   <u>nein</u>

Inwiefern?

    d. Wird das Bewusstsein der Teilnehmer für elementare Situationen geschärft?
        ja   teilweise   <u>nein</u>

Inwiefern?
9. Erlebnisbereich: Ruhe
  a. Bietet die Gästeführung eine Atmosphäre der Ruhe?
     ja   teilweise   nein

Inwiefern?
- *Die Mephisto-Tour setzt keinen Schwerpunkt auf die Dimension der Ruhe, sie enthält jedoch Momente der Entspannung, bei der die Gäste zur Ruhe kommen können (z.B. Weinprobe).*

  b. Werden emotionale Werte der Ruhe vermittelt?
     ja   teilweise   nein
        (z.B. Romantik, Erlebnis der Stille, Gemeinschaftserlebnis, Musik)
Inwiefern?

  c. Findet ein bewusstes Genießen statt?
     ja   teilweise   nein

Inwiefern?
- *Kulinarische Spezialitäten laden zum Genießen ein. Der Gast entscheidet jedoch selbst, ob er bewusst genießt oder die Spezialität beiläufig zu sich nimmt. Das Konzept sieht kein bewusstes Genießen anhand von Reflexion vor.*

II. Leitthema: METHODISCHE DIMENSION

Erlebnisorientierte Wissensvermittlung
(d.h. finden die Methoden der erlebnisorientierten Wissensvermittlung Anwendung?)
1. Findet exemplarisches Vorgehen statt?
ja   teilweise   nein

Inwiefern?
- *Die Ziele der Führung werden anhand von Inhalten mit exemplarischem Charakter vermittelt. Daraufhin werden übergeordnete Themen dargestellt (z.B. Details der Rathausfassade dienen zur Darstellung kunsthistorischer Epochen).*

2. Werden Inhalte anhand des induktiven Verfahrens vermittelt?
ja   teilweise   nein

Inwiefern?
- *Historische Fakten und Ereignisse werden, anhand von Sehenswürdigkeiten dargestellt. Die Informationen werden in einen übergeordneten Zusammenhang gebracht (z.B. an Schauplätzen der Deutschen Revolution von 1848 werden konkrete Ereignisse in den historischen Zusammenhang gebracht).*

3. Elemente der kommunikativen Führung
  a. Kommuniziert der Gästeführer mit den Gästen auf gleicher Ebene (findet ein Dialog statt, keine Autoritätsstellung des Führers)?
     ja   teilweise   nein

Inwiefern?
- Der Gästeführer befindet sich durchgängig im Dialog mit dem Publikum. Er kommuniziert mit den Gästen auf einer Ebene und nimmt keine übergeordnete Stellung ein.

    b. Kommt die didaktische Frage zur Anwendung?   oft
      <u>manchmal</u>   selten   gar nicht

Wenn ja, wie?
- Die Teilnehmer werden durch rhetorische Fragen direkt angesprochen und aktiviert.

    c. Gibt der Gästeführer Aufforderungen und Impulse zur Wahrnehmung/Beobachtung?
                                      <u>oft</u>
manchmal   selten   gar nicht

Inwiefern?
- Oft hieß es „Seht her...", damit lenkte Mephisto die Wahrnehmung der Gäste auf Details und Elemente, die vorher unscheinbar waren. Häufig gab er Gelegenheit zum Wahrnehmen, der erläuterten Sachverhalte (z.B. Aussicht aus dem Rathausturm, die je nach Himmelsrichtung eine andere Bedeutung hat).

4. Findet das Prinzip der Anschaulichkeit Anwendung?
<u>ja</u>   teilweise   nein

Inwiefern?
Die thematischen Inhalte werden stets durch Sehenswürdigkeiten veranschaulicht. Sichtbare Elemente an Häuserfassaden, sowie Schauplätze demonstrieren historische Ereignisse.

5. Werden Inhalte anhand der Elementarisierung dargestellt?
<u>ja</u>   teilweise   nein

Inwiefern?
Die Informationsvermittlung geht von sichtbaren und konkreten Elementen aus. Aus den einzelnen Informationen ergibt sich zum Schluss ein Gesamtbild der Legende von Dr. Faust und Mephisto, sowie der Geschichte des Ortes.

6. Motivation
    a. Ist ein emotionales Engagement des Gästeführers gegenüber den Inhalten und Zielen der Führung sichtbar?
      <u>ja</u>   teilweise   nein

Inwiefern?
- Der Gästeführer geht in seiner Rolle als Mephisto auf. Er besitzt eine Persönlichkeit und verfügt über das Talent das Publikum in seinen Bann zu ziehen. Auf diese Weise trägt er wesentlich zur erlebnisorientierten Informationsvermittlung bei.

7. Werden verschiedene Medien verwendet, wie z.B. Fotos, Pläne oder Skizzen?
ja   <u>nein</u>

Welche, zu welchem Zweck?

8. Findet eine Quellenbefragung statt?
<u>oft</u>   selten   gar nicht

Welche Quellen werden genutzt?
- *Generell findet eine architektonische Quellenbefragung statt, da Gebäude und das Stadtbild den Großteil der Sehenswürdigkeiten ausmachen. Darüber hinaus findet eine Quellenbefragung an Literatur statt, da Mephisto Zitate aus Goethes Faust einbringt. Ebenfalls werden Einheimische (Winzer, Bauer, Kaffeehausbesitzer) in die Führung eingebunden, die Anekdoten erzählen; die Führung so interessanter machen und den authentischen Charakter verstärken.*

9. Zeitliche Rhythmisierung
  a. Wechseln sich Phasen des Stehens, Gehens oder Sitzens ab?
     <u>ja</u>   teilweise   nein

Inwiefern?
- *Bei dem Rundgang findet eine regelmäßige Abwechslung zwischen Gehen und Stehen statt, ferner laden die Entspannungspausen zum längeren Verweilen ein.*

  b. Bietet die Führung für den Teilnehmer Abwechslung zwischen Sehen, Sprechen und Hören?

     <u>ja</u>   teilweise   nein
Inwiefern?
- *Es werden Gelegenheiten (Pausen) geboten, bei denen sich die Gäste länger miteinander unterhalten können. Sehen und Hören findet abwechselnd statt, da die Teilnehmer einer großen Reizsituation ausgesetzt werden.*

  c. Finden Phasen der Konzentration und Unterhaltung abwechselnd statt?
     <u>ja</u>   teilweise   nein

Inwiefern?
- *Die eingebauten Pausen lockern die Führung auf und tragen dazu bei, dass die Konzentration der Teilnehmer nicht absinkt. Humorvolle und unterhaltende Phasen wechseln sich mit Konzentrations-Phasen ab.*

10. Rhythmisierung im inhaltlichen Bereich
  a. Ist die Gästeführung inhaltlich abwechslungsreich?
     <u>ja</u>   teilweise   nein

Inwiefern?
- *Es werden verschiedene Aspekte in das Konzept eingebaut. Exkurse zu anderen Themen beleben die Geschichte und machen sie facettenreich.*

  b. Werden verschiede Themenbereiche abgedeckt (z.B. Mythologie, Bautechnik, Biographie)?

<u>ja</u>   teilweise   nein

Inwiefern?
- *Die gegebenen Informationen beziehen sich auf verschiedene Bereiche der Alltagskultur und der Hochkultur. Generell wird ein Spektrum über Legenden, Architektur, Brauchtum, Geschichte, Handwerk und Gastronomie abgedeckt.*

---

11. Rhythmisierung im methodischen Bereich
   a. Findet Abwechslung der Methoden statt (Vorträge, Diskussion, Spiele usw.)?
      ja   teilweise   nein

Inwiefern?
- *Allgemein findet die Informationsvermittlung durch den Vortrag statt. Das Mitmachtheater ist z.B. ein Programmhöhepunkt, bei dem die Gäste im Mittelpunkt des Geschehens stehen.*

---

12. Findet das Prinzip der Personalisierung Anwendung?
ja   teilweise   nein

Inwiefern?
- *Personalisierung findet ganz stark statt. Mephisto und Faust sind Leitfiguren der
Geschichte.*

---

13. Werden Erkenntnisse wiederholt und transferiert?   oft
manchmal   selten   gar nicht

Inwiefern?
- *Fakten und gewonnene Erkenntnisse werden hin und wieder wiederholt. An einigen Stellen werden Ereignisse aus Fausts Leben wieder aufgegriffen und in Erinnerung gebracht.*

---

14. Findet ein Zusammenfügen von Erkenntnissen zugunsten eines ganzheitlichen
Verständnisses statt?
                                                                              oft
manchmal   selten   gar nicht
Inwiefern?
- *Die Informationen die gegeben werden, vermitteln den Teilnehmern zum Schluss
der Gästeführung ein Gesamt-verständnis für die Legende des Dr. Faust, sowie die
Historie des Ortes. Ein bewusstes Zusammenfügen der gewonnenen Informationen
findet an einigen Stellen der Führung statt.*

Methoden zugunsten einer Inszenierung

15. Erlebnisrationale Thematisierung (Storytelling)
   a. Wird das Ziel der Gästeführung anhand einer spannenden, interessanten Ge-
      schichte wiedergegeben (Storytelling)?
      ja   teilweise   nein

Inwiefern?
- *Die Geschichte des Dr. Faust, der sich der Legende nach, auf einen Pakt mit dem
Teufel einließ und auf tragische Weise ums Leben kam, bietet eine spannende und
emotionsgeladene Geschichte für die Führung.*

   b. Gibt es einen emotionalen Einstieg in das Thema?
      <u>ja</u>   nein   teilweise

Inwiefern?
- Die Teilnehmer wissen nicht, was in der Führung auf sie zukommt. Bereits zu Beginn wird das Publikum durch den Auftritt des Dr. Faust überrascht, der sich plötzlich in Mephisto verwandelt (mit effektvoller Umwandlung des Kostüms, sowie Körpersprache).

16. Mythisierung des Themas
   a. Greift die Thematisierung einen Mythos auf?
      <u>ja</u>   teilweise   nein

Inwiefern?
- Die Geschichte greift eindeutig einen Mythos auf. Dr. Faust sowie Mephisto sind bekannte Figuren vieler Erzählungen und Legenden.

   b. Betrifft die Mythisierung den Bereich Legenden, Märchen, Phantasie, Träume?   <u>ja</u>   teilweise   nein

Inwiefern?
Mephisto und Dr. Faust können eindeutig dem Bereich Legenden, Märchen, Phantasie zugeordnet werden.

17. Dramaturgischer Ablauf der Gästeführung
   a. Existiert ein Spannungsbogen der folgende Aspekte enthält:
      - Hochphasen / Spannungsphasen
      <u>ja</u>   teilweise   nein

Inwiefern?
- Die Mephisto-Tour enthält Hochphasen, wie beispielsweise das Mitmachtheater, bei dem zwei Teilnehmer die 'Gretchen-Szene' aus Goethes Faust nachspielen, und die restlichen Teilnehmer unterstützend wirken. Die ganze Gruppe ist dabei aktiv beteiligt. Darüber hinaus kann der Beginn der Führung als seine Spannungsphase bezeichnet werden, da die Reizeinwirkung besonders groß ist. Auch der Moment, wenn die Gruppe vor dem Gasthaus steht, in dem der Legende nach, Faust vom Teufel umgebracht wurde, birgt eine Spannung. Zum Abschluss der Mephisto-Tour wird eindrucksvoll ein alchimistisches Experiment vorgeführt, bei dem eine kleine flammende Explosion entsteht.

      - Entspannungsphasen
      <u>ja</u>   teilweise   nein

Inwiefern?
- Regelmäßig werden Entspannungsphasen eingebaut. Das sind die Momente, bei denen Mephisto in den Hintergrund tritt und den Gästen kulinarische Spezialitäten angeboten werden. Die Führung beginnt mit einem Sektempfang zur Begrüßung und zur Einstimmung. Später folgt ein Besuch eines Kaffeehauses, bei dem Kaffeespezialitäten geboten werden. Dann steht eine Weinprobe bei einem Winzer auf dem Programm. Darüber hinaus wird kurz vor dem Ende ein Snack angeboten, bei dem sich die Gäste über die erlebte Führung miteinander austauschen können. All

die genannten Situationen geben den Teilnehmern die Gelegenheit zur Entspannung und fördern gleichzeitig die Geselligkeit.

- Überraschungseffekte
  <u>ja</u>   teilweise   nein

Inwiefern?
- Die Mephisto-Tour hat viele Überraschungseffekte, z.B. Auftritt des kostümierten Gästeführers, Darbietung kulinarischer Spezialitäten, das Mitmachtheater.

  b. Folgt der dramaturgische Ablauf einem roten Faden?
  <u>ja</u>   teilweise   nein

Inwiefern?
Die erzählte Geschichte stellt, samt ihren Höhepunkten und Ruhephasen, einen dramaturgischen Ablauf sowie einen roten Faden dar.

18. Dynamisierung der Inhalte (Objekte und Sehenswürdigkeiten)
  a. Werden die Inhalte dynamisiert (werden sie lebendig und anschaulich präsentiert)?   <u>ja</u>   teilweise   nein

Inwiefern?
- Die erzählte Geschichte macht die Sehenswürdigkeiten zu Schauplätzen historischer Ereignisse. Vor diesem Hintergrund werden die Inhalte dynamisiert und emotional zugänglich.

  b. Besteht ein emotionaler thematischer Zugang zum Thema (z.B. ein ergreifendes Schicksal)?

<u>ja</u>   teilweise   nein
Inwiefern?
- Das emotional dargestellte Schicksal des Dr. Faust schafft einen Zugang zum Thema auf der Gefühlsebene.

  c. Bekommt der Teilnehmer die Möglichkeit (gedanklich) in eine Rolle zu schlüpfen?   ja   <u>teilweise</u>   nein

Inwiefern?
Es wird die Möglichkeit gegeben, das Schicksal des Dr. Faust mitzuerleben und sich darin zu vertiefen. Dies ist allerdings nicht durchgehend möglich, da Exkurse zu anderen Themen vorgenommen werden.

19. Exploratives Erleben (den inneren Forscher in sich wecken / den Genius Loci erleben)
  a. Wird die Wahrnehmung der Teilnehmer auf Neues und Unbekanntes gelenkt?
  <u>ja</u>   teilweise   nein

Inwiefern?
- Immer wieder wurde auf Details aufmerksam gemacht, die auf den ersten Blick nicht sichtbar waren. Die Präsentation des Ortes weckt Interesse. Ferner führt die Darstellung der Sehenswürdigkeiten und der Geschichte des Ortes aus der Sicht des Teufels zu neuen Betrachtungsweisen seitens der Teilnehmer.

b. Wird die Bedeutung des Erlebens des Fremden und Neuartigen stilisiert?
<u>ja</u>   teilweise   nein

Inwiefern?
- Der Gästeführer macht stetig darauf aufmerksam, dass er seinen Gästen unbekannte Seiten des Ortes zeigen möchte. Er wirkt dabei sehr motiviert.

c. Bietet die Umwelt eine vielfältige Reizsituation?
<u>ja</u>   teilweise   nein

Inwiefern?
- Die Altstadt bietet viele Anekdoten, Sehenswürdigkeiten und interessante Details, die die Thematik veranschaulichen.

d. Unterstützt die Gästeführung eine „Gefühlsansteckung" (z.B. fröhliches Markttreiben, unheimliche Burgruinen)?

<u>ja</u>   teilweise   nein
Inwiefern?
- Mephisto ist in der Lage die Legende in die Gegenwart zu holen. Er schafft es, eine Stimmung zu erzeugen (humorvoll und spannend), die die Gruppe erfasst.

e. Findet eine Verschiebung der Wahrnehmung auf vorher unbewusste Aspekte statt?   <u>ja</u>   teilweise   nein

Inwiefern?
- Weil Mephisto ewig lebt, stellt er immer wieder interessante Bezüge zwischen der Vergangenheit und der Gegenwart her. Dieser Blickwinkel ist ungewohnt und daher sehr interessant. Es ergeben sich daraus neue Betrachtungsweisen.

f. Findet eine Anregung zur Phantasiearbeit / Assoziationen seitens der Teilnehmer statt? <u>ja</u>   teilweise   nein

Inwiefern?
- In Dialogen mit Mephisto übernehmen die Gäste die ungewohnte Sichtweise des Teufels. In dem Fall kann von einer Phantasiearbeit und Assoziationen der Gäste ausgegangen werden.

g. Wird kurzzeitig zu anderen Themen gewechselt mit anschließender Rückkehr zum zentralen Thema?

<u>ja</u>   teilweise   nein

Inwiefern?

- Es werden auch andere Themen angesprochen (z.B. Staufer, die Deutsche Revolution von 1848). Die thematischen Exkurse werden jedoch inhaltlich in das Hauptthema eingebunden. Durch diese Methode entstehen 'Aha-Effekte'.

20. Modell der Spurensuche (nach Isenberg)
  a. Wird eine selbstständige Wahrnehmung, des Neuen und Fremden, ohne Einwirken des Gästeführers, gefördert?

ja   teilweise   <u>nein</u>

Inwiefern?

  b. Werden Inhalte gemeinsam erschlossen?
  ja   <u>teilweise</u>   nein

Inwiefern?
- Der Gästeführer erzeugt Spannung und gibt den Gästen an einigen Stellen das Gefühl, dass gemeinschaftlich und spontan etwas entdeckt wird. Im Endeffekt werden die Inhalte jedoch allein von Mephisto dargestellt und erklärt. Hin und wieder können die Teilnehmer eigene Erfahrungen und Meinungen einfließen lassen, wie beispielsweise bei der Weinprobe, bei der die Gäste die Rebsorte anhand des Geschmacks erraten oder sich die Funktion des Traubenpresswerkes erschließen können.

III. Leitthema: PSYCHOLOGISCHE DIMENSION

1. Auslösen von innengeleiteten Bedürfnissen
  a. Wird bereits zu Beginn der Führung auf kommende Erlebnisse aufmerksam gemacht? <u>ja</u>   teilweise   nein

In welcher Form?
- Bei dem Sektempfang zur Begrüßung, wird den Teilnehmern bewusst gemacht, dass ihnen eine außergewöhnliche und spannende Gästeführung bevorsteht.

2. Atmosphäre und Ambiente
  a. Herrscht eine angenehme, offene und ungezwungene Atmosphäre?
  <u>ja</u>   teilweise   nein

Inwiefern?
- Die angenehme Begrüßung mit einem Sektempfang führt zu einer entspannten und geselligen Atmosphäre. Es wird miteinander gelacht und gesprochen. Diese gesellige und ungezwungene Atmosphäre herrscht in der gesamten Führung.

  b. Findet die Gästeführung in einem angenehmen Ambiente statt?
  <u>ja</u>   teilweise   nein

Inwiefern?
- Die Führung findet hauptsächlich in der Altstadt Staufens statt. Die Gassen, Plätze und Häuser schaffen ein angenehmes und urlaubsgemäßes Ambiente.

3. Flow
   a. Entstehen Phasen in denen die Teilnehmer ihre Aufmerksamkeit ohne Unterbrechung ganz dem Geschehen widmen können (zugunsten Flow)?
   <u>oft</u>   selten   gar nicht

Inwiefern?
- Mephisto zieht durch sein Auftreten und seine Geschichten die Aufmerksamkeit der Gäste auf sich. Seine interessanten Erzählungen bieten den Gästen die Möglichkeit sich auf das Thema zu konzentrieren.

   b. Besteht die Befürchtung einer Überforderung der Teilnehmer?
   ja   teilweise   <u>nein</u>

Inwiefern?
- Es entsteht der Eindruck, dass die Gäste weder über- noch unterfordert sind. Pausen geben die Möglichkeit sich auszuruhen und fördern die Konzentration für weitere Schilderungen.

4. Exklusivität
   a. Wird den Teilnehmern das Gefühl von Exklusivität vermittelt?
   <u>ja</u>   teilweise   nein

Wie?
- Da die Gäste darauf aufmerksam gemacht werden, dass die Führung ein außergewöhnliches Ereignis ist, ihnen Sekt, Wein, Kaffeespezialitäten sowie Snacks angeboten werden, kann davon ausgegangen werden, dass die Gäste das Gefühl von Exklusivität vermittelt bekommen. Auch fällt die Gruppe mit einem kostümierten Gästeführer in der Öffentlichkeit sehr auf und steht im Zentrum des Geschehens.

   b. Kommt der Teilnehmer in den Genuss von 'Privilegien'?
   <u>ja</u>   teilweise   nein

Inwiefern?
- Die kulinarischen Spezialitäten, sowie der Zugang zu Orten, die für die Öffentlichkeit nicht ohne weiteres zugänglich sind, können ein Gefühl des Besonderen vermitteln. Auch der Einbezug von Einheimischen verstärkt diesen Eindruck, da die Gäste die Möglichkeit bekommen sich mit interessanten Personen des Ortes zu unterhalten.

5. Sinnesansprache
   a. Wird die visuelle Ebene angesprochen?
   <u>ja</u>   teilweise   nein

In welcher Form?
- Beispielsweise durch das eindrucksvolle Kostüm des Mephisto, dass innerhalb der Altstadt sehr wirkungsvoll ist, oder durch das flammende und explosive Experiment sowie durch den Ausblick aus dem Rathausturm.

   b. Werden Erlebnisse verbal / akustisch vermittelt?
   <u>ja</u>   teilweise   nein

In welcher Form?
- *Durch die altertümliche Sprache des Mephisto und Zitate aus Goethes Faust.*

  c. Wird versucht Erlebnisse über den Geschmackssinn zu vermitteln?
    <u>ja</u>   teilweise   nein

In welcher Form?
- *Durch kulinarische Genüsse, wie Sekt, Wein, Kaffee und Käsespezialitäten, die inhaltlich in das Thema und die Geschichte eingebunden werden (z.B. „werden 50 Kaffeebohnen für einen rabenschwarzen, teuflischen Espresso benötig").*

6. Wird ein Bildungserlebnis hervorgerufen?
ja   <u>teilweise</u>   nein

Auf welche Art und Weise?
- *Es kann davon ausgegangen werden, dass kein Bildungserlebnis im klassischen Sinne hervorgerufen wird. Da sich jedoch die Inhalte der Führung an Goethes Faust orientieren, kann vermutet werden, dass die Mephisto-Tour bei Gästen ein optimierendes Erlebnis z.B. durch Bestätigung oder Auffrischung des eigenen Wissens hervorgerufen werden kann. (Beispiel: Teilnehmer lernen den Dialog der 'Gretchen-Szene' auswendig.)*

7. Wird ein religiöses Erlebnis vermittelt?
ja   teilweise   <u>nein</u>

Auf welche Art und Weise?

8. Reflexion
  a. Wird Raum für Gruppengespräche geboten?
    <u>ja</u>   teilweise   nein

Wie wird dies sichtbar?
- *Speziell in den Entspannungsphasen können sich die Teilnehmer untereinander austauschen und gemachte Eindrücke verbalisieren.*

  b. Wird bewusst Reflexion betrieben?
    ja   <u>teilweise</u>   nein

In welcher Form?
Die kulinarischen Genüsse werden mit Informationen angereichert. Beispielsweise wird erzählt, welche Kaffeebohnenmenge für eine Tasse Espresso benötigt wird. Diese Informationen können dazu führen, dass die kulinarischen Spezialitäten bewusster geschmeckt und wahrgenommen werden. Es wird jedoch keine bewusste gruppenorientierte Reflexion betrieben.

9. Sich selbst erleben: persönliche Einstellungen reflektieren, Kompetenzbereiche erweitern
  a. Stellt die Gästeführung Bezüge zum Leben und/oder Herkunft der Teilnehmer her? <u>ja</u>   teilweise   nein

Inwiefern?
Mephisto stellt immer wieder Bezüge zwischen der Vergangenheit und der Gegenwart her. Er erzählt, wie sich im Laufe der Zeit, bis hin zur Gegenwart, der Ort und das Leben dort, verändert haben. Darüber hinaus zeigt er auf ironische Art gegenwärtige Probleme auf (z.B. Autoverkehr in der Altstadt).

b.   Werden Vorurteile und Klischees über den Fremdenverkehrsort angesprochen?

ja   <u>teilweise</u>   nein

Inwiefern?
Bezogen auf die Legende des Dr. Faust werden falsche Annahmen korrigiert (z.B. Faust hatte keinen Doktortitel, er war kein studierter Gelehrter, nannte sich zu Unrecht Doktor).

c. Wird den Teilnehmern bewusst gemacht, dass Erlebnis und Muße auch im Alltag mehr Gewichtung finden können?

ja   teilweise   <u>nein</u>

Inwiefern?

d. Werden die Teilnehmer angeregt, zukünftig selbstständig aus der gewohnten Urlaubs- / Freizeitmonotonie und dem alltäglichen Verhalten auszubrechen?
ja   teilweise   <u>nein</u>

Inwiefern?

IV. Leitthema: RÄUMLICHE DIMENSION

1. Authentizität / Atmosphäre erleben
a.   Bildet die räumliche Kulisse eine Einheit mit dem Thema?
<u>ja</u>   teilweise   nein

Inwiefern?
- Die Sehenswürdigkeiten und die Schauplätze sind authentisch, d.h. sie fungieren als eine Bühne für die Inszenierung der Thematik. Die Altstadt verfügt über zahlreiche Sehenswürdigkeiten, die die erzählte Geschichte untermauern.

b. Werden 'authentische' Personen (Einheimische) des Ortes in die Gästeführung eingegliedert?

<u>ja</u>   teilweise   nein

Inwiefern?
Einheimische Personen werden bewusst, aber auch spontan in das Konzept eingebunden (Winzer, Kaffeehausbesitzer, Bauer/Handwerker).

c. Stammen der Mythos und die erzählte Geschichte aus der Region?
<u>ja</u>   teilweise   nein

Begründung:
- *Dr. Faust lebte in Staufen und ist, der Legende nach, in einem Gasthaus, das heute noch in der Altstadt steht, auf tragische Weise umgekommen.*

2. Werden Wetter- Lichtverhältnisse für eine Inszenierung genutzt (z.B. Sonnenuntergang, Dämmerung, Dunkelheit)?

<u>ja</u>   teilweise   nein

In welcher Weise?
Die Dämmerung unterstreicht die Spannung und die unheimliche Atmosphäre der Geschichte.

V. Leitthema: UNGEPLANTE BEOBACHTUNG

- Charakteristisch und auffällig ist der Humor des Mephisto. Seine Kommentare sind sehr humorvoll und zynisch. Sein Blickwinkel impliziert eine lustige und ungewohnte Darstellung des Ortes.

- Die Mephisto-Tour zeichnet sich durch eine sehr hohe Dynamik aus. Auf diese Weise kann keine Langeweile auftreten. Die Gäste können sich dem Thema nicht entziehen. Die Dynamik wirkt sich zeitweilig sogar auf das Lauftempo aus.

- Immer wieder bindet der Gästeführer Gegebenheiten und Personen spontan in die Führung mit ein (z. B. störende „Höllenmaschinen" [Autos], Ausstellungsstücke in Schaufenstern, interessierte Fußgänger). Die Spontaneität verstärkt den unterhaltsamen Charakter der Führung.

-Es findet eine ständige direkte Ansprache der Teilnehmer statt, sowie eine Einbeziehung der Gäste in die Geschichte.

INTERVIEWLEITFADEN

Experten-Interview mit Frau Barbara Krull, vom 29.11.2003

Leitthema: Notwendigkeit der Erstellung von Kriterien für Erlebnis-Gästeführungen
1. Sehen Sie einen Trend zu Erlebnis-Angeboten in Tourismus und Freizeit?
2. Sollte die Klassische Gästeführung auch um den Erlebniswert bereichert werden?
3. Existieren Ihrer Meinung nach „Mogelpackungen", die Erlebnisse versprechen, sie jedoch nicht bieten?
4. Bedarf die Gestaltung von erlebnisorientierten Gästeführungen einer speziellen inhaltlichen Konzeption?
5. Wären Hilfestellungen für die Gestaltung erlebnisorientierter Gästeführungen für Praktiker nützlich, sogar notwendig?

Leitthema: Funktion von Erlebnis-Gästeführungen
6. Was macht eine Erlebnis-Gästeführung aus?
7. Inwiefern unterscheidet sie sich von der klassischen Gästeführung?

Leitthema: Aspekte der Erlebnisorientierten Gästeführung
8. Welche Vorteile bieten Gästeführungen, die bewusst auf den Erlebnisaspekt setzen?
9. Entstehen Vorteile für die touristische Destination?
10. Besitzen die Aspekte der Bildung und des Erlebnisses den gleichen Stellenwert?

Leitthema: Methoden
11. Wie können Gästeführungen erlebnisorientiert gestaltet werden?
12. Welche Methoden verwenden sie?
13. Wie gehen Sie vor?
14. Was muss bei einer Konzept-Erstellung noch beachtet werden?

Leitthema: Aktive Beteiligung der Teilnehmer
15. Welchen Stellenwert räumen Sie der aktiven Beteiligung der Teilnehmer ein?

Leitthema: Rolle des Gästeführers

16. Welche Rolle spielt der Gästeführer bei Erlebnis-Gästeführungen?

17. Welche Kenntnisse und Fähigkeiten sollte er beherrschen?

Leitthema: Übertragbarkeit der Methoden

18. Kann jede Destination erlebnisorientierte Gästeführungen anbieten?

Leitthema: Ausblick in die Zukunft

19. Wie ist die Resonanz auf die von Ihnen erstellten „Erlebnis-Gästeführungen"?

20. Sehen Sie Erlebnis-Gästeführungen als einen langfristigen Trend?

Fragen zur Mephisto-Tour:

1. Wo haben Sie einen Schwerpunkt gesetzt, bei dem Erlebnisaspekt oder der Wissensvermittlung?

2. Nutzen Sie bewusst Techniken, Ansätze und Prinzipien aus der (klassischen) Theorie der Gästeführung?

3. Stützt sich ihr Konzept auf (weitere) Theorien aus der Literatur? Wenn ja, welche (z.B. Animationsmodelle)?

4. Enthält das Konzept psychologische Grundgedanken? Inwiefern?

Fragen zur Person:

1. Seit wann beschäftigen Sie sich mit dem Thema der Gästeführung?

2. Wie sind Sie dazu gekommen?

3. Sie sind Volkskundlerin und Historikerin. Wo liegen Ihrer Meinung nach die Vorzüge und Qualifikationen Ihres beruflichen Werdeganges im Hinblick auf die Konzipierung von Gästeführungen, insbesondere erlebnisorientierter Führungen?

4. Inwiefern bewegen Sie sich beruflich in dem Bereich der Gästeführung?

5. Sie geben Seminare zum Thema „Gästeführer inszenieren ihre Stadt". Was hat Sie dazu bewegt?